GÉOPOLITIQUE

L'interdépendance croissante de nos sociétés complexifie les relations entre les peuples, les territoires, les faits. De nouvelles questions émergent qui dépassent les frontières de la seule géographie.

État des lieux du monde contemporain, la collection **GÉO**POLITIQUE permet d'aborder ces questions dans leur globalité et ainsi saisir les nouvelles relations de pouvoir.

GÉOPOLITIQUE DE LA MODE

Vers de nouveaux modèles ?

Sophie Kurkdjian

Le Cavalier Bleu
EDITIONS

Sophie KURKDJIAN

Sophie Kurkdjian est docteure en histoire (Université Paris 1) et Assistant Professor à l'American University of Paris. Chercheuse à l'Institut d'histoire du temps présent (IHTP-CNRS), elle travaille sur l'histoire sociale et culturelle du vêtement et de la mode à l'époque contemporaine. En 2018, elle a créé le réseau de recherche Culture(s) de Mode, avec le soutien du ministère de la Culture.

De la même auteure

– *Lucien Vogel et Michel de Brunhoff, parcours croisés de deux éditeurs de presse illustrée au XXᵉ siècle*, Paris, Fondation Varenne, 2014.

– (avec Maude Bass-Krueger) *French Fashion, Women and the First World War*, New Haven, Yale University Press, 2019.

SOMMAIRE

INTRODUCTION

Depuis le Moyen Âge, la mode n'a cessé de se développer comme artisanat puis comme industrie. De la couture à domicile exécutée par une couturière de quartier ou dans des ateliers artisanaux à la couture sur-mesure (ou haute couture) réalisée par un grand couturier dans son salon, de la production de vêtements en série (ou prêt-à-porter) à la *fast fashion* vendue en magasins et en ligne, le visage de la mode a largement évolué, tout comme ses fonctions. De simple article d'habillement porté pour protéger le corps du froid et du chaud, ou par pudeur, le vêtement est ensuite devenu parure, décorant le corps, signalant le goût, la personnalité mais aussi le statut social de celui ou celle qui le porte, oscillant ainsi entre les fonctions utilitaire, symbolique et sociale.

À l'instar du monde qui, depuis des siècles, est une « masse hétéroclite d'interactions à grande échelle » (Appadurai, 2015, p. 63), la mode a toujours circulé entre les pays *via* les marchands, négociants et explorateurs voyageant d'un pays à l'autre. Ces circulations sont devenues, à la faveur d'innovations techniques, mais aussi de l'esprit d'expansion de certains territoires, des relations marchandes mues par le désir de commerce et d'argent.

Ce sont d'abord les tissus mêmes utilisés pour réaliser les vêtements qui ont circulé – la soie, par exemple, produite en Chine, parvient aux portes de la Méditerranée dès l'Antiquité. Ce sont aussi les techniques (de tissage, de coupe, de couture…) qui se sont disséminées dans les pays européens et extra-européens. Les journaux de mode ont également contribué à la circulation des savoir-faire de la mode, renforcée aussi par les migrations d'artisans, de marchands, d'ouvriers et de couturiers à l'époque contemporaine. Ces circulations créent un maillage riche et divers, à l'origine de la mise en place d'une géographie mouvante de la mode, qui n'a cessé d'évoluer sous l'effet de l'industrialisation.

Au cours des XVIIIe et XIXe siècles, les première et deuxième révolutions industrielles donnent les moyens à la mode de se développer en tant qu'industrie. Grâce à l'invention de machines à tisser et à filer mécaniques, du métier Jacquard et de la machine à coudre, l'industrie textile est la première à être mécanisée, selon l'historien Fernand Braudel. Dépassant les questionnements esthétiques et sociaux, la mode revêt alors une dimension économique, pesant dans la balance commerciale des pays occidentaux notamment, rapportant beaucoup de devises à certains, procurant du travail à la main-d'œuvre d'autres. À cette époque, Paris s'impose comme la capitale mondiale de la mode, notamment après l'ouverture de la première maison de couture sur-mesure par le couturier anglais Charles Frederick Worth en 1858. Formation historique évolutive, forme hiérarchique de l'urbain (Breward et Gilbert, 2006, p. 6), la notion de capitale de mode fait alors de Paris une ville dotée d'un écosystème constitué de lieux de fabrication, de diffusion et de consommation de la mode. Paris connaît son premier âge d'or dans la première moitié du

XXe siècle avec les couturiers Paul Poiret, Gabrielle Chanel et Jeanne Lanvin notamment. Leurs créations sont achetées par les femmes les plus riches de France, mais aussi de Grande-Bretagne, des États-Unis et du Brésil, tandis que la figure de la Parisienne s'enracine comme un mythe. Devenant l'une des industries culturelles françaises les plus dynamiques et les plus visibles, la mode s'impose dans les relations commerciales du pays.

Si cette idée que la mode puisse constituer un outil essentiel d'influence est latente en France depuis le XVIIIe siècle, elle se répand ensuite au cours du XXe siècle parmi les capitales italiennes, britanniques et américaines, qui, chacune, développe une industrie de prêt-à-porter et de prêt-à-porter de luxe lui permettant de se positionner sur la scène internationale de la mode. À partir de cette période se constitue un système géopolitique mondial de la mode où des rivalités émergent entre Paris et ces nouveaux pôles qui ne cesseront de se développer par la suite. Les rapports de force qui s'esquissent entre les trois capitales et Paris révèlent alors combien la mode, à l'instar de l'art, constitue un élément de poids dans le rayonnement international de la France. Attrait essentiel de la puissance économique et commerciale de cette dernière, elle est devenue plus que cela : un élément de distinction, à la fois artistique, créative, esthétique et culturelle, largement véhiculé auprès des clients internationaux *via* différents types de médias (presse, télévision, cinéma, guides touristiques, réseaux sociaux, livres, peintures...). Paris, c'est la mode ; la mode, c'est Paris, voilà ce que les images et les discours des industriels, des créateurs, des syndicats et des gouvernements français successifs tentent d'inscrire dans l'esprit des « étrangers », clients comme touristes depuis le XVIIIe siècle (Rocamora, 2009, p. 44). Face à cette prérogative que s'approprie la France, l'Italie, la Grande-Bretagne et les États-Unis entendent bien faire valoir la créativité et l'originalité de leur industrie vestimentaire pour compter dans l'écosystème international de la mode. Leur entrain à valoriser leur industrie de la mode est tel qu'à la fin des années 1980, la mode constitue désormais un critère d'explication, et même de classement des nations dans le monde. En cela, elle devient partie intégrante des outils de *soft power* utilisés par les pays pour « exister » dans le système géopolitique international, témoigner de leur développement et/ou de leur esprit d'innovation (Frédéric Martel, « Vers un "soft power" à la française », 2013, p. 67).

Au début du XXIe siècle, ce système géopolitique international de la mode connaît un virage important sous l'effet de la mondialisation et de la démocratisation de l'accès à la mode. Cette dernière s'incarne alors dans le développement de la *fast fashion* et l'émergence de nouveaux leaders textiles, tels que les géants suédois et espagnol H&M et Zara (Inditex) qui sont autant de challengers pour les marques ancestrales de mode, régulièrement copiées par eux. Désormais, l'écosystème de la mode est ébranlé par l'apparition de nouvelles méthodes de production des vêtements qui privilégient la quantité sur la qualité, et la copie sur l'originalité. Au-delà même de proposer de nouvelles méthodes de production impliquant de plus en plus de délocalisations en Asie où se trouve une main-d'œuvre moins chère afin de réduire leurs coûts, les marques de *fast fashion* proposent une nouvelle manière de consommer la mode à l'opposé de celle portée par les quatre capitales de mode. Les produits de *fast fashion*, accessibles en termes de prix, sont présentés comme des produits de consommation : on les achète, on les consomme, on les jette, puis on les remplace quand on le souhaite sans même penser à les garder pour les remettre plus tard. Dit en d'autres termes, ce sont deux visions de la mode qui s'opposent – le durable au jetable, la qualité à la quantité, la créativité à la copie – et qui ébranlent tout un système de la mode créé en 1858. Parallèlement, les marques de *fast fashion* déstabilisent le système géopolitique même de la mode mis en place par Paris, Milan, Londres et New York parce que leur système de production a des répercussions sur les territoires de la mode sous l'effet des délocalisations que leur production engendre. Le système géopolitique de la mode se modifie aussi car d'autres territoires de mode émergent un peu partout dans le monde : en Europe du Nord, en Afrique, en Amérique et en Asie, où la mode devient aussi un moyen de rendre visibles l'identité d'un pays, son histoire, ses savoir-faire et ses « idées ». Ce sont aussi les clients de la mode qui changent de visage. Longtemps anglais, américains et brésiliens, ils sont désormais qataris, russes et chinois, reflétant le développement économique de ces pays aux ambitions mondiales. De nouveaux clients impliquent pour les marques de devoir s'adapter à de nouvelles habitudes de consommation, s'implanter dans de nouveaux territoires et créer des liens solides entre eux et la maison-mère en France, en Grande-Bretagne, aux États-Unis ou en Italie. Ces différentes évolutions touchant à la production, à la création et aux clients mêmes ont eu – et ont encore – des conséquences directes sur la répartition géographique des territoires de la mode. Elles pèsent également sur les relations commerciales et culturelles entre ces pays qui sont toujours plus nombreux à entrer dans une compétition – à la fois créative, productive et technologique – pour devenir le leader de l'industrie de la mode. Loin d'être centralisée et de ne concerner que les pays occidentaux, la mode est devenue aujourd'hui un phénomène global. S'inscrivant de plus en plus dans un processus mondialisé de sous-traitance, elle implique pléthore de pays devenus dépendants les uns des autres en termes de commandes, de production et de consommation de vêtements.

Dans la mise en place de ce système géopolitique de la mode, le discours et les images, et les médias plus largement, véhiculés sur et par la mode depuis le XVIIIe siècle, contribuent à entretenir une certaine hiérarchisation entre les pays de mode. En effet, notre compréhension du système de la mode repose certes sur des données économiques et commerciales faisant de tel pays le leader des exportations d'accessoires et de tel autre celui des vêtements de sport, mais aussi sur des « représentations collectives » « puisque les relations entre les pôles de mode sont liées à des « territoires représentés, c'est-à-dire à des territoires qui – pour ceux qui les habitent, les convoitent ou encore les décrivent – sont imaginés », selon Alexandre Defay (2005, p. 4). Ces représentations que l'on se fait sur un pays, sa population, son identité, sa culture… ont été forgées dans notre esprit par notre éducation, nos lectures, ainsi que par les médias et la publicité qui jouent un rôle essentiel dans la manière dont chacun appréhende l'Autre sur l'échiquier de la création et de l'industrie de la mode. L'imaginaire de la mode – l'anthropologue Arjun Appadurai explique que l'imagination a acquis un rôle collectif et social nouveau avec l'essor des nouvelles technologies (2015, p. 33) – préside ainsi à l'évolution de la géopolitique de la mode. Cet imaginaire a jusqu'à aujourd'hui largement contribué à entretenir une vision hiérarchisée et parfois erronée de la mode : les pays d'Europe de l'Ouest seraient les « inventeurs », les « créatifs » tandis que ceux d'Asie ou d'Afrique ne seraient que des « (re)producteurs », des « fabricants » ; les premiers auraient les idées, les autres la main-d'œuvre pour donner corps à ces idées.

En d'autres termes, il est responsable d'une certaine survalorisation de la mode occidentale et de sa culture au détriment de celles des autres, mais aussi de la diffusion de certaines idées qui collent à la réputation de chaque pays (le chic à la française, le *sportswear* américain, l'excentricité anglaise, le *made in China*). Comme Appadurai le souligne, « la communauté imaginée par les uns est la prison politique des autres » (2005, p. 70). Cette vision schématique de la mode a besoin d'être relue à la lumière des évolutions récentes ayant affecté l'industrie et l'économie au niveau mondial. Cette relecture montre que sous l'effet de la mondialisation, les espaces de la mode ne se répartissent plus seulement entre les pays du Nord (la France, la Grande-Bretagne, l'Italie ou les États-Unis) qui « inventent la mode » et les pays du Sud (Chine et Bangladesh) qui ne font « que la produire ». Les premiers ont dû apprendre à composer avec l'éclosion de nouveaux centres de création et de consommation de mode tandis que les seconds ont éclaté sous l'effet des délocalisations de la fabrication. La géographie des territoires de la mode est mouvante et les rapports de force entre ces territoires se sont complexifiés. C'est ce que cet ouvrage veut montrer. Dans la perspective de proposer une analyse renouvelée et contemporaine du système géopolitique de la mode, il entend dépasser la simple partition Occident/Orient et mettre en lumière les relations multilatérales impliquant toujours plus de pays dans la mode en Europe, en Asie et en Afrique. Le renouvellement de l'analyse des relations entre les différents territoires de la mode dans le monde permettra, on l'espère, de contribuer à une réflexion plus générale sur la hiérarchie des nations dans le monde, dans le sillage des travaux d'histoire globale s'intéressant aux connexions, interactions et hybridations se réalisant entre les peuples et les cultures et longtemps ignorées ou minimisées (Douki et Minard, 2007 ; Boucheron, 2013).

En suivant les travaux d'Yves Lacoste qui mobilise trois concepts clefs pour conduire une analyse géopolitique – l'étude de la diachronie, de la diatopie et des représentations –, cet ouvrage entend décrire et analyser les « rivalités » de pouvoir qui se jouent dans l'industrie de la mode. Il montre comment elles ont évolué dans le temps depuis le XIXe siècle, touchent à des territoires et aux relations entre eux, aux personnes (les créateurs, les clients, les ouvriers) qui s'y trouvent et aux représentations collectives « qui animent les groupes sociaux et structurent leur vision du monde » et qui les dominent (Lacoste et Lorot, 2010). Après avoir dressé le portrait des quatre principaux pôles de mode dans le monde (Paris, Milan, Londres et New York) et montré comme la mode a toujours constitué un outil de *soft power* pour eux, en ne négligeant pas l'idée que l'importance de ces pôles est le résultat d'une construction discursive, le deuxième chapitre insiste sur les outils de diffusion, de communication, de formation et de vulgarisation à disposition des centres de mode pour rayonner et imposer leur identité. Le troisième chapitre fait un pas de côté en s'intéressant aux « autres » centres de mode en Europe et dans le monde, aux « autres » clients de la mode que les Européens et Américains, et aux autres systèmes de production de mode tels que celui de la *fast fashion* qui sont autant de « concurrents » pour les pôles de mode traditionnels. Dans une dernière partie, l'analyse porte sur les enjeux actuels et futurs des centres de mode pour qui le *leadership* réside désormais dans leur capacité à innover certes, mais aussi à produire dans des conditions sociales et environnementales éthiques.

LES GRANDES FORCES EN PRÉSENCE DU XVIIIe SIÈCLE À AUJOURD'HUI

Si, aujourd'hui, on parle d'un règne quadripartite de Paris, Londres, Milan et New York sur la mode et de leur forte interconnexion, Paris a longtemps été prédominante comme capitale de mode. Mise à l'honneur par Louis XIV et son ministre Jean-Baptiste Colbert qui décèlent le rôle qu'elle peut jouer au service du rayonnement de la France, la mode parisienne se développe durant les XVIIIe et XIXe siècles avant de se structurer et de renforcer ses assises et son *leadership* international tout au long du XXe siècle. Au XIXe siècle, Paris est la capitale de mode et la mode parisienne, prescriptrice, est exportée comme modèle. Après la Seconde Guerre mondiale, les velléités, apparues dans les années 1910, de la Grande-Bretagne, de l'Italie et des États-Unis de développer leur propre industrie de la mode indépendamment de Paris, se concrétisent et de nouvelles capitales de mode se font progressivement jour : Milan, Londres et New York, chacune essayant de supplanter l'autre et d'imposer sa mode et son style.

LA FRANCE, CAPITALE DE MODE DEPUIS LE XVIIIe SIÈCLE

Si l'on s'habille depuis l'Antiquité, c'est au XIVe siècle que l'on fait remonter la naissance de la mode, non plus définie seulement comme la nécessité de se vêtir mais également comme une manière de refléter son rang social, sa personnalité et le goût d'une époque. Le mot « mode », au sens de « manière collective de vivre, de penser propre à un pays, à une époque » fait son apparition en 1390 et il faut attendre 1480 pour qu'il se mette à signifier « manière de s'habiller ». Plusieurs facteurs expliquent comment s'institue cette évolution de « l'habillement » à « la mode ». À cette époque, d'abord, les changements vestimentaires commencent à se réaliser plus fréquemment (Grace-Heller, 2007), reflétant par-là le désir des individus de varier de formes et de couleurs d'habits par plaisir et recherche d'élégance. Par ailleurs, l'habit drapé (consistant dans l'enroulement d'une pièce d'étoffe autour du corps) est abandonné au profit de l'habit cousu, ajusté au près du corps, tandis que s'impose une distinction entre la mode féminine et la mode masculine qui n'existait pas auparavant. Durant la Renaissance, ce phénomène de mode se répand en Europe, notamment en Italie, à Florence et à

Venise, et dans certains comtés régionaux de France tels que le Comté d'Anjou, de Provence et de Bourgogne. Au XVIe siècle, la mode prend également de l'importance en Espagne et en Angleterre.

À partir de la fin du XVIIe siècle, la mode va se développer tant qualitativement que quantitativement en France. À cette époque, Louis XIV (1638-1715) et son contrôleur général des finances, Jean-Baptiste Colbert (1619-1683), comprennent l'intérêt économique qu'il y aurait pour la France à soutenir et valoriser la mode et les savoir-faire français (les soyeux et passementier, les fabricants de bas tricotés, les plumassiers, les orfèvres et gantiers...). Ils réalisent que cette richesse nationale, qui contribue largement à la magnificence de la Cour, pourrait asseoir le rayonnement culturel international français – une sorte de *soft power* avant l'heure. Dans cette perspective, Jean-Baptiste Colbert, qui aurait déclaré : « La mode est à la France ce que les mines d'or du Pérou sont à l'Espagne », impose des articles français à la Cour, entreprend la promotion des produits de luxe français, vote des lois contre les produits étrangers et invite les tisserands, maroquiniers et dentelliers à venir travailler en France au sein de manufactures qu'il crée. L'artisanat français, qui irrigue les modes portées par la noblesse à la Cour de Versailles, est à cette époque implanté sur une grande partie du territoire : on trouve les chapeliers à Paris dès le XIVe siècle, les ouvriers du lin en Bretagne dès le XVe siècle, les soyeux à Lyon et les rubaniers à Saint-Étienne dès le XVIe siècle, les gantiers à Grenoble à partir du début du XVIIe siècle, les dentelliers à Valenciennes à la fin du XVIIe siècle, les tisseurs de paille à Nancy.

Au XVIIIe siècle, la mode se développe en France sous l'influence de la reine Marie-Antoinette (1755-1793) décrite comme une passionnée de mode. Dictée par l'étiquette, la mode reflète les inégalités sociales et économiques de la société de l'Ancien Régime, organisée autour des trois ordres de la noblesse, du clergé et du tiers-état, mais aussi la « consommation spectaculaire » de l'aristocratie (Mansel, 2005, Steele, 2017). Elle revêt également une forte dimension politique. Lorsque Marie-Antoinette, née en Autriche, rejoint Paris en 1770 pour épouser le futur Louis XVI (1754-1793) et sceller l'alliance entre la France et l'Autriche, elle doit abandonner tous ses effets autrichiens avant d'entrer en France. Sur une île en plein milieu du Rhin, elle doit aller jusqu'à quitter ses « habits autrichiens » et revêtir l'habit à la française.

Tout au long du XVIIIe siècle, on observe comment se met en place à Paris une sorte d'écosystème de la mode. Cet écosystème s'organise autour d'un corps de métier nouvellement créé en 1776 et exclusivement féminin : les marchandes de mode. Ancêtre du grand couturier et des créateurs aujourd'hui, la marchande de mode n'est pas couturière, mais vend tout ce qui peut embellir une tenue. L'historien Daniel Roche parle de la création de cette nouvelle catégorie socio-professionnelle comme d'une révolution dans le vêtement renforçant l'aura créative de Paris (Roche, 1989). La marchande de mode oriente les goûts de ses clientes et propose garnitures et accessoires pour être la plus élégante possible : ruban, nœuds, plumes, agrafes, fleurs artificielles… Elle encourage le renouvellement des petits détails qui peuvent changer l'effet d'une robe et asseoir une personnalité en société. L'une des marchandes de mode les plus connues est Rose Bertin engagée par Marie-Antoinette comme sa « ministre des Modes », pour s'occuper de ses habits (Sapori, 2003, 2010 ; Crowston, 2005, p. 75-94 ; Guennec, 2004). La création de boutiques près du Louvre et de la rue Saint-Honoré constitue un autre élément de poids dans le développement de la mode parisienne (Mercier, 1781). Rose Bertin était par exemple à la tête de son magasin *Au Grand Mogol* (1770) près du Palais Royal qui habille l'aristocratie. Pour compléter cet écosystème, ce sont aussi les médias de mode qui se développent et permettent à la mode parisienne d'exister au-delà même des frontières hexagonales puisqu'ils sont diffusés en Europe. D'abord, les poupées de mode qui, habillées suivant les modes de la Cour de France, sont envoyées depuis Paris vers les cours européennes. Leur succèdent les premiers journaux de mode tels que *La Galerie des Modes* (1778-1787), *Le Cabinet des Modes* (1785-1793) et *Le Journal des Dames et des Modes* (1797-1839). Cette émulation crée une véritable ferveur pour la mode parisienne chez les étrangers qui se mettent à venir à Paris pour y faire du shopping tandis que la figure des parisiennes, attachées à leur apparence, devient un puissant trope, naviguant entre mythe et réalité. Les Parisiennes sont l'objet de nombreuses descriptions littéraires notamment chez Jean-Jacques Rousseau dans *Julie ou la nouvelle Héloïse* (1761), Nicolas Edme Rétif de la Bretonne dans *Les Parisiennes* (1787) et Louis-Sébastien Mercier dans *Tableau de Paris* (1781). Elles se retrouvent aussi au cœur de publicités, guides de voyage et peintures incarnant une vision idéale de la féminité (Rétaillaud-Bajac, 2020). Perdant sa forme plurielle au XIXe siècle, les « Parisiennes » devient la « Parisienne », une figure à la mode qui se distingue par son chic, facilement reconnaissable comme archétype parisien. Le glissement de « Française » à « Parisienne » se réalise alors aisément tandis que Paris « fonctionne comme une métonymie de la France » (Retaillaud-Bajac, 2013). Représentée par Auguste Renoir en 1874,

Édouard Manet en 1875, mais aussi par James Tissot et Jean Béraud, la « Parisienne » retient également l'attention des artistes étrangers. Ces derniers jouent alors un rôle essentiel dans la diffusion du mythe de la Parisienne qui devient une figure à la fois culturelle, économique, médiatique mais aussi touristique (Rocamora, 2009 ; Paresys, 2008).

Les révolutions industrielles du XIXe siècle renforcent le poids de la capitale parisienne en matière de mode. Le développement d'une plus grande offre de produits à l'adresse d'un plus grand nombre de clients, conjugué à un accroissement du rôle de marqueur social des biens de consommation, conduisent à la mise en place d'une nouvelle forme de consommation. Plus que jamais Paris devient le terrain privilégié de la mode. L'expression même de « capitale de mode » est d'ailleurs de plus en plus utilisée au cours du XIXe siècle. Certaines de ses premières occurrences peuvent être observées dans la presse française à partir de 1830 mais aussi dans des essais et dictionnaires. Plus largement, pléthore de livres et de guides de voyage et de shopping à destination des touristes américains décrivent Paris, embellie par le baron Haussmann, comme l'écrin de la mode. À cette époque, la capitale française renforce sa structure de cluster de la mode (Marshall, 1890 ; Porter, 1998). Le philosophe Walter Benjamin la désignera d'ailleurs comme « la capitale du XIXe siècle » et plus précisément comme la « capitale du luxe et des modes » (2013 [1942], p. 180). Paris fait en effet un pas de plus vers la concentration des lieux de production, de diffusion et de consommation des modes, préfigurant la naissance de l'industrie de la mode moderne (Kurkdjian, 2020a). En 1858, la capitale accueille, au 7 rue de la Paix, la première maison de couture sur-mesure créée par l'Anglais Charles Frederick Worth (Trubert-Tollu *et al.*, 2017). Ce dernier préside à la mise en place du système de la haute couture, dont nous sommes les héritiers aujourd'hui, s'organisant autour de la figure du couturier et des présentations saisonnières des collections sur mannequins vivants. En s'inscrivant dans le droit fil des marchandes de mode, Worth invente la figure du couturier qui n'est plus un artisan créant mécaniquement à partir de patrons et selon une ligne générale du vêtement dont les grandes lignes changeaient peu souvent, mais un créateur qui propose des tenues à ses clientes, impose son style et sa vision de la mode. Worth ouvre la voie à d'autres couturiers tels que Jeanne Lanvin, Jeanne Paquin et Paul Poiret qui s'installent autour de la rue de la Paix puis près du Faubourg Saint-Honoré, et consacrent Paris, capitale de toutes les audaces stylistiques. Dès la fin du XIXe siècle, Paris dispose également, autour de l'Opéra, de grands magasins tels que Le Printemps (1865) et Les Galeries Lafayette (1894) qui permettent la diffusion de la mode et façonnent une nouvelle forme de consommation (Marseille, 1998, Chatriot et Chessel, 2006). S'inspirant du Bon Marché (1838), Émile Zola consacre son livre *Au Bonheur des Dames* à l'innovation du grand magasin qu'il qualifie tout à la fois de « ruche », de « monstre », « d'ogre des contes » ou encore de « temple élevé à la folie dépensière de la mode », des métaphores à la hauteur de la révolution qui se réalise alors à Paris. Enfin, à partir de 1868, Paris héberge la Chambre syndicale de la couture parisienne, qui donne à la mode parisienne les outils juridiques (tels que la possibilité pour les couturiers de déposer leurs modèles à la Chambre et de bénéficier des conseils d'avocats en cas de procès), sociaux (comme la régulation des salaires et la gestion des grèves dans les maisons de couture) et commerciaux (tels que le soutien apporté aux couturiers pour qu'ils exportent leurs modèles à l'étranger et participent aux événements internationaux) pour s'organiser, lutter contre la contrefaçon étrangère et amplifier son importance économique à travers le monde (Kurkdjian, 2020a, 2019 ; Pouillard, 2016, Stewart, 2005). À cette période, les clients et acheteurs professionnels américains, anglais, allemands et brésiliens viennent chaque année à Paris pour découvrir les nouvelles collections parisiennes, tandis que les couturiers parisiens eux-mêmes se mettent à voyager à l'étranger pour présenter leurs créations (Font 2012, p. 30-47). Si Paris investit autant dans son industrie vestimentaire, c'est que la capitale craint aussi la concurrence étrangère.

En 1914, la couture parisienne connaît déjà de nombreuses rivalités originaires d'Allemagne (Ganeva, 2008) et des États-Unis (Stewart, 2008). Non seulement la contrefaçon des modèles parisiens par des acheteurs allemands et américains ne fait que se renforcer depuis le début du siècle, mais ces pays ont également manifesté leur volonté de s'émanciper des diktats parisiens pour créer leur propre industrie de la mode. La guerre aggrave cet esprit de compétition et menace de remettre en question la position de leader de Paris. Dès août 1914, la presse américaine, le *Women's Wear Daily* et le *Collier's Weekly* en tête, lance une campagne contre la couture parisienne au profit des modes américaines. Ces titres déclarent que comme Paris est en guerre et que ses couturiers sont au front (notamment Worth et Paul Poiret), le moment est venu pour l'Amérique de créer sa propre mode indépendamment de Paris. Le 6 août 1914, le *New York Times* déclare que « Paris pourrait voir la fin de son emprise sur la mode » avant d'évoquer le 4 octobre les progrès réalisés par la couture américaine à qui est donnée une « opportunité sans pareille ». Après plusieurs articles provocateurs, le *New York Times* doit cependant concéder, en décembre 1914, que la couture parisienne est loin d'être morte. Le 27 décembre, il écrit « La silhouette française gagne, prouvant que la mode s'incline toujours devant Paris ».

Si la crainte française de voir se développer une mode américaine est vivace, elle se révèle finalement infondée étant donné que les maisons de couture parisiennes reprennent leur activité très vite en décembre 1914 (Bass-Krueger et Kurkdjian, 2019). Sans fondement, les appels américains restent néanmoins longtemps dans l'esprit des couturiers français qui, tout au long du conflit, font en sorte de manifester leur hégémonie auprès des États-Unis. La guerre joue un rôle de révélateur pour la couture parisienne : si elle savait qu'elle était déjà rayonnante, le conflit et les concurrences révélées au grand jour lui font prendre encore davantage conscience de son importance et de la nécessité de mieux se protéger. À l'image de l'Union sacrée au plan politique, l'industrie de la mode se mobilise pour sauver la réputation de la mode parisienne : les ouvrières acceptent une réduction de leur salaire tandis que tous les acteurs de la mode s'unissent dans un élan patriotique. En France, le maintien de la couture est vital. Gagner la guerre passe aussi par sauver la couture parisienne et l'image mondialement connue de Paris comme capitale de la mode. Pour parvenir à sauver la mode française, les couturiers savent qu'ils doivent notamment rester visibles à l'étranger, là où se trouve une grande partie de leurs clientes. C'est pourquoi ils participent à l'Exposition universelle de San Francisco en 1915 pour y présenter leurs dernières robes et montrer que Paris « continue à dicter de par le monde, en pleine effervescence guerrière, les pacifiques décrets de l'élégance ». Les couturiers participent à d'autres initiatives telles que l'Exposition de Madrid en 1917 ainsi que les Foires de Lyon et de Paris. En 1918, cette dernière est l'occasion de montrer « à la France et aux pays étrangers, que [la] couture existe, travaille et vit ».

Oscillant entre l'énergie débordante des années folles (1919-1929) autour de la figure de la Garçonne (Bard, 1998), et le retour à un certain classicisme de formes durant les années 1930, la mode de l'entre-deux-guerres se caractérise par un essor tant quantitatif que qualitatif. D'abord, Paris voit le nombre de ses maisons de couture passer de 20 en 1914 à 200 en 1929. Parmi elles, on compte notamment celles de Gabrielle Chanel, d'Elsa Schiaparelli, de Madeleine Vionnet et de Jean Patou. Non seulement ces maisons innovent sur le plan stylistique, que cela soit par la robe de style de Lanvin, les sweaters chez Chanel et Schiaparelli et la coupe en biais chez Vionnet, mais elles déclinent également leur offre en différents départements (enfant, jeune fille, sport, parfum) anticipant une segmentation de la clientèle qui ira en s'affirmant. Ensuite, on constate un net développement de la production en série et le début d'une certaine démocratisation de la mode en direction des femmes de la classe moyenne qui ont accès aux magasins à prix uniques tels que Prisunic, dès 1931.

À cette époque, Paris confirme son positionnement sur la scène internationale. Renforçant et diversifiant sa conquête des marchés extérieurs, la mode se classe en 1920 au deuxième rang des industries exportatrices françaises (Rouff, 1946, p. 116-133). Paris a conscience de l'importance de continuer à promouvoir ses couturiers. Si le marketing ne se développe en France que dans les années 1970 et

1980, il est déjà dans les faits en pratique dès la fin du XIXe siècle. En effet, les couturiers, les grands magasins mais aussi les éditeurs de presse redoublent d'efforts pour vanter les mérites de la mode parisienne et stimuler la demande (Volle, 2011, p. 23-45). Tout est bon pour attirer et fidéliser les clients : publicités de plus en plus élaborées, vente par correspondance *via* des catalogues commerciaux, création de vitrines soignées, développement d'emballage et d'agenda pour les grands magasins ; présentation de leurs collections au sein des actualités filmées de Pathé ou Gaumont, tournées internationales en Europe et dans les Amériques, entretiens exclusifs dans la presse, participation à des films américains, à des événements internationaux pour les couturiers. Sa présence aux grands événements internationaux tels que l'Exposition internationale des arts décoratifs industriels et modernes de 1925 et l'Exposition internationale des arts et techniques de Paris en 1937 est incontournable pour la couture française qui entend y faire briller sa créativité. Comme l'explique Walter Benjamin, l'idée d'étalage, de spectacle, de mise en scène de la consommation est centrale pour comprendre la politique de promotion de Paris. La mode n'est pas le seul domaine à être exporté comme modèle. Elle l'est à côté de la littérature, des beaux-arts et de la musique. Les couturiers sont d'ailleurs proches des artistes : Poiret fréquente André Derain, Francis Picabia et Raoul Dufy ; Chanel se lie d'amitié avec Serge Diaghilev et Jean Cocteau. Paris se veut une capitale culturelle et artistique rayonnant dans le monde entier.

La Seconde Guerre mondiale fragilise la place de Paris comme capitale de mode. En septembre 1939, alors que 90 % des maisons de couture sont encore fermées, le gouvernement fait une priorité nationale « de maintenir à tout prix les activités du pays en temps de paix, et au premier rang de celles-ci, la Couture, en tant qu'industrie exportatrice. » L'attitude que les créateurs américains vont adopter vis-à-vis de la mode parisienne ainsi que l'avenir des exportations françaises sont les deux principales questions qui inquiètent la Chambre syndicale. Cette dernière décide donc de redoubler d'effort pour « donner à l'étranger le sentiment que la couture était une industrie organisée, déterminée à défendre et à maintenir le flux de ses exportations ». Cependant, les difficultés s'accumulent : aux perquisitions d'ateliers, à la pénurie de main-d'œuvre et de matières premières en raison des réquisitions allemandes qui fragilisent la production parisienne, s'ajoute l'interdiction en août 1940 de commercer avec le monde. Pendant l'Occupation, la mode devient un champ de bataille économique et culturel (Veillon, 1990, p. 357 ; 2014). Économique, car les Allemands visent à préempter la production française. Culturel, car l'hégémonie parisienne sur le monde de la couture est une nouvelle fois remise en question. Très vite, Lucien Lelong, le président de la Chambre syndicale, comprend que les Allemands veulent voir disparaître la couture française. Début août 1940, il apprend que la couture parisienne « sera intégrée dans une organisation allemande dont le siège sera à Berlin et Vienne » et que les couturiers seront transportés de Paris à Vienne et Berlin, tandis que les ateliers français fourniront aux ateliers berlinois et viennois une main-d'œuvre spécialisée (« La couture française de juillet 1940 à août 1944 », PC/18, n° 68, rapport, sd, archives of FHCM). Hitler veut faire de Berlin la capitale de la mode, c'est dire combien la mode se trouve au cœur même de la géopolitique du Führer et est perçue comme un élément essentiel de son rayonnement. En novembre 1940, Lelong répond aux Allemands que la couture française ne peut pas être déplacée : « Elle est à Paris ou elle n'est pas » car loin de Paris et de son atmosphère, les créateurs ne pourraient plus créer (Kurkdjian, 2020b).

À la Libération, le statut de Paris est en péril, d'abord car les conditions matérielles ne sont pas réunies pour une reprise de la couture, mais aussi parce que d'autres capitales de mode tentent en Italie, aux États-Unis et en Grande-Bretagne de « remplacer Paris » (Wilcox, 2009 ; Saillard et Bosc, 2014). Paris essaie de résister aux autres capitales européennes en multipliant les initiatives commerciales et juridiques. Afin de lever de l'argent pour l'Entraide française, la Chambre syndicale organise une exposition de poupées habillées par les couturiers parisiens. Le projet est de profiter de cet événement pour promouvoir la créativité parisienne et montrer qu'elle n'a rien perdu de sa superbe. La manifestation, intitulée « Le Théâtre de la mode », est inaugurée en mars 1945 : 180 poupées présentent des toilettes de Jacques Fath, Marcel Rochas, Lucien Lelong, Cristobal Balenciaga et Pierre Balmain (Veillon, 1990). Venu en nombre (100 000 visiteurs), le public témoigne d'une volonté d'oublier la pénurie et de se projeter dans l'avenir. L'exposition se déplace dès septembre 1945 à Barcelone, Zurich, Copenhague, en présence de la Reine, à Londres également en présence de leur Reine, à Stockholm en présence du prince de Suède, et Vienne, puis au printemps 1946 à New York, Boston, Chicago, Los Angeles, Buenos Aires, Montréal et San Francisco. Ces destinations ne sont pas anodines : la couture française, qui y trouve la majorité de ses acheteurs, espère reconquérir le marché américain. Ce mouvement vers l'extérieur pour redonner à Paris son prestige d'avant-guerre continue pendant les années 1950. D'après

Ce Soir, en septembre 1945, après « Le Théâtre de la mode », toutes les expositions visent à affirmer « avec éclat leur intention [des couturiers] de conserver à Paris le titre de capitale de la mode que l'on se faisait fort de lui ravir ». Le constat est alarmant selon le journal : tandis qu'un groupement new-yorkais se serait constitué pour créer des modèles et les faire admettre par les élégantes américaines, à Londres, tout est mis en œuvre pour favoriser la couture strictement britannique et les couturiers de Regent Street.

La reprise de la couture parisienne doit beaucoup aux couturiers Pierre Balmain, Hubert de Givenchy et Christian Dior. En février 1947, ce dernier présente sa collection *a posteriori* appelée *New Look* : une ligne Corolle, nommée ainsi en raison de l'opposition entre la jupe constituée de 14 mètres de tissu et doublée de tulle, et le corsage près du corps qui accentue la finesse de la taille pour faire ressortir le buste. Ce genre de vêtement est aux antipodes du vêtement économique que le rationnement prescrit alors. Dior impose le retour à une mode ornementale, ce qui conduit les historiens à parler du deuxième âge d'or de la couture parisienne (Wilcox, 2009). Symbole de la reprise de la haute couture, et donc référence au passé luxueux de Paris, la collection veut aussi symboliser une nouvelle esthétique du futur où la féminité est triomphante. Le *New Look* est célébré dans la presse de mode, mais il est aussi décrié à cause de son extravagance considérée comme un outrage à l'austérité. En dépit des critiques, le *New Look* est un succès car il permet à la couture française de retrouver un rôle de premier plan. Le monde entier – ou presque – émit une opinion sur le *New Look* et réalisa que la couture parisienne était toujours là.

Par ailleurs, un pas très important est réalisé dans le milieu professionnel de la couture : le 23 janvier 1945, le terme « haute couture » devient une appellation juridiquement protégée, réservée exclusivement aux couturiers parisiens. Reposant sur la fabrication de modèles uniques réalisés sur mesure, elle se différencie du prêt-à-porter qui se réfère à une production en série. Pour être considérées comme exerçant une activité de « haute couture », les maisons doivent exécuter, à la demande de la clientèle, des vêtements sur mesure, bâtis sur un mannequin ou sur la cliente et comportant un ou plusieurs essayages. Ces modèles sont destinés à être répétés par l'entreprise elle-même ou bien à être vendus à des entreprises en vue de leur reproduction. Quand la « haute couture » devient une appellation d'origine contrôlée, Paris consacre l'exclusivité de son industrie de la couture. Personne alors – et cela jusqu'à aujourd'hui – ne peut se prévaloir d'une activité de « haute couture » s'il ne répond pas aux critères mentionnés et s'il n'est pas désigné comme tel par une décision ministérielle. Existant seulement en France, cette appellation renforce la place de Paris comme capitale de la couture. Elle agit comme un label, une image de marque, un gage de qualité délivré à certaines maisons qui se distinguent par leur technicité et leur savoir-faire. Aujourd'hui parmi les principaux critères pour être estampillée « haute couture », la maison doit réaliser manuellement des vêtements sur mesure, dans ses ateliers (avec un atelier de flou produisant les robes et jupes distinct de l'atelier tailleur) composés de 20 personnes au moins telles que les brodeurs, plumassiers… et défiler deux fois par an avec un nombre minimum de 25 modèles.

La seconde moitié du XXe siècle voit la mode française confrontée à de nouveaux enjeux sociaux et économiques. Durant les années 1960, alors que la couture est sur le déclin, le prêt-à-porter est en plein essor, conduisant les couturiers à devoir s'adapter à cette nouvelle forme de production qui incarne aussi une véritable transition stylistique (Sirinelli, 2007, Veillon, 2008). Tandis que les couturiers d'avant-guerre tels que Schiaparelli, Rochas et Balenciaga ferment leur maison, d'autres figures plus enclines au prêt-à-porter apparaissent. Hubert de Givenchy ouvre sa maison en 1952 avec l'objectif de proposer une mode facile à porter, élégante et accessible en termes de prix. Il s'illustre d'abord dans la haute couture avant de se lancer dans le prêt-à-porter en 1968 avec Givenchy Nouvelle Boutique. Parallèlement, un jeune couturier, Yves Saint Laurent succède à Christian Dior, à la mort de celui-ci en 1957, avant de créer sa propre maison avec Pierre Bergé. Il présente sa première collection en 1962. De la robe Mondrian en 1965 à la saharienne (1968) en passant par le smoking féminin (1966), Saint Laurent détonne par son originalité et sa manière de répondre aux nouvelles aspirations des femmes. À son tour, en 1966, il propose Yves Saint Laurent rive gauche, une collection de prêt-à-porter déclinée à partir des modèles de haute couture qu'il réalise en parallèle (Benaïm, 2018 ; Grumbach, 2017). Dans le même temps, trois figures avant-gardistes émergent : André Courrèges, Pierre Cardin et Paco Rabanne. Ils s'imposent dans le prêt-à-porter avec leur mode *Space Age*, leur utilisation de matériaux innovants (métal, cuir, plastique) en concevant une mode plus adaptée aux jeunes. À cette époque, une nouvelle figure fait alors son apparition dans le prêt-à-porter : le styliste créateur. Ce dernier ne travaille plus seulement anonymement pour le compte d'un fabricant en déterminant le style de la mode à venir, mais se lance comme créateur autonome. Emmanuelle Khanh, Daniel Hechter, Sonia Rykiel figurent parmi les pionniers, bientôt suivis par Thierry

Mugler et Jean Paul Gaultier qui deviennent les ambassadeurs d'une mode chic et créative.

Alors que le prêt-à-porter connaît un essor sans précédent, il devient essentiel d'organiser la profession. Jacques Mouclier, président de la Chambre syndicale de la couture parisienne, et Pierre Bergé proposent de regrouper la profession, la couture et le prêt-à-porter du luxe, en une même entité. En 1973, ils créent la Fédération de la couture, du prêt-à-porter des couturiers et des créateurs de mode dans laquelle ils réunissent la Chambre de la couture parisienne existant depuis 1868, la Chambre syndicale du prêt-à-porter des couturiers et des créateurs de mode, et la Chambre syndicale de la mode masculine, toutes deux nouvellement créées. Non seulement la Fédération œuvre à l'unité de la mode en rassemblant les deux faces de cette industrie en une seule même entité, mais elle s'occupe également de la structurer à travers la mise en place d'un calendrier officiel de défilés et de renforcer son aura internationale en accueillant journalistes et acheteurs à Paris et en organisant des défilés à l'étranger, aux États-Unis, en Chine, au Brésil ou encore en Australie (Zajtmann, 2014, p. 17).

Si la Fédération assure l'unité de la profession, l'industrie française est aussi l'enjeu d'une forte segmentation par marques réparties dans des groupes de luxe dont le poids international va en s'accroissant. Dans un nouveau contexte de luxe global et financiarisé (Lipovetsky, 1987), les marques de luxe ne sont plus des maisons artisanales mais appartiennent à des groupes de luxe mondiaux. Ce processus né dans les années 1980 voit l'essor de groupes financiers et industriels, cotés en bourse, constitués de plusieurs marques dans plusieurs secteurs du luxe. Le groupe Louis Vuitton Moët Hennessy (LVMH), né en

1987 et dirigé aujourd'hui par Bernard Arnault, est composé de plus de soixante marques dont Louis Vuitton, Christian Dior, Givenchy, Céline, Kenzo, Marc Jacobs. Kering, anciennement Pinault-Printemps-La Redoute, fondé en 1962 et entré au CAC 40 en 1988, dirigé actuellement par François-Henri Pinault, regroupe Gucci, Yves Saint Laurent, Balenciaga, Alexander McQueen et Stella McCartney. Le groupe Richemont, fondé en 1988, possède quant à lui Chloé et Azzedine Alaïa. Puig, fondé en 1914 et se développant dans les années 1980, détient actuellement Nina Ricci et Paco Rabanne. Il est également actionnaire majoritaire de Jean Paul Gaultier.

Depuis le XVIIe siècle, la mode française s'est développée au point de devenir un élément essentiel du rayonnement de la France à l'étranger. Elle a aussi réussi à s'adapter aux mutations économiques et sociales des XIXe et XXe siècles et à la démocratisation de la mode en s'ouvrant au prêt-à-porter de luxe. Dans le même temps, son hégémonie a commencé à être contestée par la mode anglaise.

SWINGING LONDON OU L'ANTICONFORMISME ANGLAIS

Au XIXe siècle, Londres, et notamment le quartier de Savile Row, est reconnu pour ses compétences en matière de tailleurs sur mesure pour homme (Sherwood, 2010). La qualité des textiles combinée à une recherche dans la coupe font de la capitale anglaise la référence en matière de mode masculine de luxe depuis le XVIIIe siècle. Son influence va grandissante en France et en Europe, imposant notamment la figure du dandy, de Brummell à Balzac en passant par Barbey d'Aurevilly. Si Paris est la capitale de la mode féminine, Londres est celle de la mode masculine, mais cela ne signifie pas que la France reste hermétique au style anglais, bien au contraire. Au cours du XVIIIe siècle, ce dernier, marqué du sceau du naturel et de la simplicité, influence grandement la mode française notamment par le biais de la robe à l'anglaise, une robe ajustée à la taille et dotée d'une longue queue, qui se porte à Versailles et à Paris. Certes, Paris concentre « ce qui se fait de mieux dans la mode », mais on note qu'à cette époque déjà, la capitale est ouverte aux influences étrangères. Après la Première Guerre mondiale, des couturiers anglais tels que Norman Hartnell et Hardy Amies (Amies,

1984) tentent de s'imposer dans la mode féminine et de s'émanciper de Paris. Le premier ouvre sa maison de couture à Londres en 1923 (Kennett, 1985). Reconnu pour ses robes de cérémonies et de soirées, habillant les aristocrates et les actrices telles que Vivien Leigh, Marlene Dietrich, Elizabeth Taylor, il va jusqu'à habiller la Reine Elizabeth II. Ensuite, il faut attendre le lendemain de la Seconde Guerre mondiale pour voir l'industrie anglaise se développer. En 1945, la Grande-Bretagne, tout en poursuivant jusqu'en 1949 son plan de rationnement des vêtements, l'*Utility clothing* « CC41 » (Summers, 2015), vise un objectif : devenir le centre du monde de la mode féminine, comme elle l'a longtemps été pour la mode masculine.

Pour s'imposer au niveau créatif, l'Angleterre sait qu'elle doit renforcer ses structures pour soutenir son industrie de la mode (Bide, 2020), et notamment donner plus de poids à la Society of London Fashion Designers créée le 6 janvier 1942 sur le modèle de la Chambre syndicale de la couture parisienne (Waddell, 2001). Partant du constat que les industries textiles anglaises « ont retrouvé une nouvelle vigueur et inspiration » après avoir vécu les privations durant la guerre (« British Fashion Plans », *New York Times*, 28 septembre 1945, p. 18), la Society of London Fashion Designers organise, en 1946, une présentation de 300 modèles de couturiers anglais devant des acheteurs étrangers. Son objectif est de montrer comment les maisons de mode les plus prestigieuses d'Angleterre se sont réunies dans le but d'encourager les acheteurs à acquérir leurs modèles et de faire de Londres « le premier centre d'exportations de mode du monde » (« British Designers Open Export Show », *New York Times*, 31 janvier 1946, p. 18 ; « British Designers Are Eager to Export », *New York Times*, 6 mars 1946, p. 23). Les « experts de mode » se disent alors convaincus que, lorsque les créateurs londoniens auront résolu le problème des pénuries de main-d'œuvre et de matières premières, Londres sera au premier rang de l'industrie de la mode. En 1948, le London Model House Group – une autre structure que la Society of London Fashion Designers – est créé pour représenter quatorze compagnies de prêt-à-porter anglaises afin d'organiser leurs défilés et leurs stratégies d'exportation à l'international. En 1958, il est renommé Fashion House Group of London (Ehrman, 2010). En 1959, enfin, est lancée l'idée d'organiser une présentation des designers anglais, ce qui deviendra l'ancêtre de la London Fashion Week. Cette présentation vise à développer les exportations de prêt-à-porter anglais, principalement vers les États-Unis. Un défilé de douze créations prêt-à-porter de dix-huit confectionneurs, membres du Fashion House Group of London, est suivi par des présentations individuelles organisées pour les acheteurs principalement américains et canadiens – l'enjeu étant d'implanter le prêt-à-porter anglais sur le sol américain où le prêt-à-porter est aussi en plein essor. L'initiative semble porter ses fruits puisqu'à l'occasion de la présentation du 25 mai 1959, la presse et les acheteurs américains saluent la manière très anglaise de présenter la mode « en tableaux », mais aussi tout en mouvements et gestes.

Si la mode anglaise se structure dans les années post-Seconde Guerre mondiale, il faut attendre la fin des années 1950 et surtout les années 1960 pour que Londres s'impose au monde comme une grande rivale de Paris avec une mode et des créateurs innovants qui « révolutionnent » à la fois les modes et les modes de vie, en créant pour la jeunesse une mode plus pratique, colorée et innovante (Breward, Ehrman et Evans, 2004 ; Lister, 2019). La styliste

Mary Quant est peut-être la plus connue d'entre eux. Son succès (en 1967 la vente de ses produits à travers le monde lui rapporte 14 millions de dollars) repose sur une idée simple. Jeune, elle déteste la manière dont s'habillent les femmes toutes corsetées et montées sur des talons aiguilles et décide que les jeunes « devraient ressembler à des jeunes et non à des vieux ». Toutes ses collections reposent sur ce principe de jeunesse dans le contexte culturel et artistique bouillonnant du *Swinging London*, marqué par les Beatles, la musique et les discothèques. Par ailleurs, elle croit en une mode peu chère, accessible au plus grand nombre, produite en série et qui change régulièrement, rejetant le modèle de la couture parisienne qu'on acquiert à prix d'or et que l'on conserve toute sa vie (« Mary Quant, Limited-Kinky Success Story », *New York Times*, 19 mars 1967). En 1955, elle ouvre une boutique sur King's Road appelée le Bazaar où elle vend très rapidement ses propres modèles qualifiés d'excentriques à l'époque : des robes très courtes en jersey colorées pratiques pour bouger et s'asseoir, des collants bariolés, des bottes montantes, des cirés, des bérets… instituant le *London Look*. Lançant vingt-deux collections par an, elle a aussi l'idée d'octroyer des licences à des fabricants en Angleterre, Hollande, Allemagne, Afrique du Sud, Australie et aux États-Unis pour produire et vendre des robes, des vêtements de *sportswear*, des manteaux, imperméables, de la lingerie, des collants, chaussures, cosmétiques, parfums et de la fourrure griffés Mary Quant. Plus qu'une mode, c'est une manière de voir les choses et de « vivre sa vie » que propose Quant et qu'elle entend diffuser partout. Pour *Vogue* anglais, c'est un pari réussi puisqu'en 1960 « le monde veut soudainement copier notre style. À New York, c'est le “London Look”. À Paris, c'est le “Style anglais” ». Londres s'impose alors comme la capitale d'une mode jeune et avant-gardiste qui n'hésite pas à exprimer sa volonté de rivaliser avec Paris. Le 15 janvier 1960, ayant l'opportunité de présenter leur nouvelle collection dans la capitale française, plusieurs couturiers anglais expliquent dans le *New York Times* qu'ils « porteront la guerre et leur "tweedy style" jusque sur le sol de l'ennemi – à Paris. » – l'utilisation du champ lexical du conflit ne laissant pas de doute quant à leur envie de remporter la bataille du *leadership* mondial en matière de mode.

Durant les années 1970 et 1980, Londres continue de briller par son anticonformisme. Le mouvement punk, qui connaît son apogée entre 1975 et 1980 dans un contexte de fin des Trente Glorieuses, de montée du chômage et de crise du pétrole, émerge comme une revendication idéologique et politique à rebours de l'idéologie des hippies *peace and love* des années 1970. La musique est l'un de leurs principaux moyens d'expression. Le mouvement punk trouve son symbole avec le groupe des Sex Pistols mené par Johnny Rotten et Sid Vicious. Suivent ensuite les Ramones, The Clash, les Dead Kennedys. La mode est le deuxième moyen d'expression de ces musiciens : en opposition à la société de consommation, ils créent leur mode en recyclant leurs vêtements. Leur style se caractérise par des blousons en cuir pris aux rockers auxquels ils ajoutent des badges, des chaînes de vélo, des clous, des épingles à nourrice, des têtes de mort, le A qui symbolise l'anarchie et le drapeau national. Leur esthétique, marquée par le fait-maison, la customisation et l'anti-industrialisation, est appelée « l'esthétisme décadent ». Elle s'oppose radicalement à la couture des années 1980 marquée par la *frime and fric*, le culte du corps, le bronzage et make-up outranciers, le *too much*. Les punks adoptent les t-shirts déchirés, troués, porteurs de messages choquants. Ils se réapproprient même certains vêtements, tels que le tartan qui avait été interdit en Écosse au XVIIIe siècle lorsque le pays avait été rattaché à l'Angleterre – cette interdiction visait à effacer toute trace de l'identité écossaise dont le tartan était l'un des porte-voix. Les punks voient dans sa réutilisation un signe de rébellion. La créatrice Vivienne Westwood participe à ce mouvement tout en le popularisant : avec Malcolm McLaren, elle ouvre en 1971 une boutique sur King's Road où elle habille les Sex Pistols, et vend des kilts et vêtements en tartan.

Les mouvements des années 1970-1980 renforcent la réputation de Londres comme capitale de l'avant-garde même s'il faut attendre les années 1990 pour voir la créativité de la mode anglaise de luxe se renouveler sous l'influence de John Galliano, Alexander McQueen et Hussein Chalayan. Comme l'explique le *New York Times* en 1982, « Les positions relatives des centres de mode du monde ont subi une certaine réévaluation l'année dernière. (...) Londres, qui, dans les années 1960, s'est classée deuxième après Paris, est restée tranquille, mais pourrait être sur le chemin du retour. Lorsque la vague d'excitation provoquée par l'explosion de la jeune mode au cours de cette décennie s'est éteinte, certains créateurs ne semblaient pas savoir vers qui se tourner. Mais beaucoup reviennent maintenant aux produits de base de la mode britannique, tels que les laines de qualité et les vêtements en tricot classiques. » (« Design Centers: New Ideas And Old Themes », *New York Times*, 28 décembre 1982). Le 20 mars 1984, le *New York Times* ne tarit pas d'éloge sur le réveil anglais : « La scène de la mode britannique, se réveillant de son sommeil depuis les années 1960, attire de plus en plus de visiteurs, d'anonymes, de designers expérimentaux et de maisons établies. Il s'avère également qu'en la personne de la Premier ministre, Margaret Thatcher, l'industrie britannique de la mode a trouvé le meilleur porte-parole qui soit ». Il faut dire que depuis le début des années 1980, la mode britannique s'organise et se structure. Issu du Fashion Industry Action Group, fondé en 1981, le British Fashion Council est créé en 1983. À l'image de la Chambre syndicale en France et de la Camera nazionale della moda en Italie, il vise à valoriser les créateurs anglais et développer la place de Londres sur la scène internationale de la mode. En 1984, il met notamment en place la Fashion Week de Londres qu'il accompagne d'un prix de la mode anglaise, qui récompense la première année Katharine Hamnett. Cinq ans plus tard, le British Fashion Council élargit ce prix à plusieurs types de créateurs qui sont récompensés lors d'une cérémonie grandiose.

Mais, dans les années 1960, Londres n'est pas la seule ville d'Europe à émerger comme centre de mode. De l'autre côté des Alpes, l'Italie structure son industrie s'imposant de fait comme une nouvelle capitale de mode.

L'ÉMERGENCE DE L'ITALIE PAR LA MISE EN AVANT DE SON ARTISANAT

La mode italienne puise ses racines dans des savoir-faire anciens liés au textile et principalement à la soie et à la laine, mais aussi au cuir, soutenus dès le milieu du XVᵉ siècle par les premiers Médicis, à la fois marchands et mécènes. Se crée alors pendant la Renaissance un fort maillage d'ateliers spécialisés dans la région de Florence, notamment des ateliers de tissage de la soie. Milan, Venise et Rome concentrent également une importante activité textile fortement exportatrice en Europe. Très riche, la mode italienne fabriquée à partir de ces tissus et techniques est souvent chamarrée, ornée de brocart, de rubans et de bijoux. Au milieu du XVIᵉ siècle, Catherine de Médicis, née à Florence et mariée au futur Henri II en 1533, joue un grand rôle dans la valorisation des savoir-faire italiens, et plus généralement des articles de mode italiens tels que l'éventail, les gants parfumés, et les chopines, qu'elle n'hésite pas à porter en France lors des fêtes organisées à la Cour. La soierie italienne est reconnue dans l'Europe entière grâce à des productions de haute qualité réalisées en grand nombre par des marchands-fabricants italiens. À la fin du XVIIᵉ siècle, ces derniers sont concurrencés par la

France où, sous l'impulsion de Colbert, sont créées plusieurs fabriques de soie à Lyon. Ensuite, au XIXe siècle, sous l'effet de l'industrialisation, les ateliers d'artisanat d'art italiens se transforment en entreprises et tentent de prospérer en Europe, mais ils se heurtent aux soyeux lyonnais qui ont acquis un net prestige en Europe et ne cessent de se développer. Il faut ensuite attendre la seconde moitié du XXe siècle pour voir l'artisanat textile italien se structurer en industrie de la mode florissante.

Avant le tournant clef des années 1950, plusieurs couturiers et industriels essaient de développer une industrie de la mode proprement italienne, indépendante de Paris. Il en va de la valorisation du patrimoine artisanal séculaire du pays mais aussi de sa réputation sur la scène internationale. La mode représente déjà un domaine dans lequel l'Italie veut compter et se singulariser. La couturière Rosa Genoni joue un rôle essentiel dans cette tentative de créer, en s'inspirant du goût italien de la Renaissance, un « costume italien, indépendant et autonome par rapport à la haute couture de Paris et à son luxe » (Belfanti, 2014, p. 321). Elle expose ses modèles à l'Exposition universelle de Milan en 1906 et y gagne même le Grand Prix du jury. Son succès conduit à la création en 1909 d'un groupement en faveur d'une « Mode d'art purement italienne ». Parallèlement, à Venise, Mariano Fortuny propose des créations originales et techniquement recherchées inspirées notamment du drapé de la Grèce antique (Grossiord, 2006). Son talent est tel que même Proust fait de Madame de Guermantes dans *À la Recherche du Temps perdu* une cliente assidue de Fortuny (D'Annunzio, 2019, p. 96). À Rome, c'est la couturière Maria Gallenga qui se fait remarquer à l'Exposition internationale de 1925 tandis qu'à Florence Ernesto Michahelles, connu sous le nom de Thayaht et ayant collaboré avec la Française Madeleine Vionnet entre 1918 et 1925, se fait un nom grâce à sa pratique inspirée par la géométrie du futurisme. À la même époque, c'est au tour de Fortunato Albanese et Lydia de Liguoro d'œuvrer à travers des essais et articles au développement d'une mode proprement italienne arguant que l'élégance et le goût ne sont pas l'apanage de Paris. Tous deux appellent de leurs vœux la création d'un syndicat de la mode, ce qui se réalise en 1932 sous le régime fasciste de Mussolini, qui y voit là un moyen de propagande idéal, avec la création de l'Ente autonomo per la mostra permanente nazionale della moda. Renommé Ente nazionale della moda (ENM) en 1935, ce groupement est créé à Turin sur le modèle de la Chambre syndicale de la couture parisienne pour soutenir la mode italienne, et promouvoir l'*italianité* des produits nationaux sur la scène internationale. Sous le régime de Mussolini, la tentative de développer une mode dans un pur goût italien et contre le style parisien revêt une forte dimension idéologique et géopolitique. Les initiatives en ce sens sont nombreuses : encadrement des couturiers italiens, organisation de défilés somptueux, projet de dictionnaire de la mode sans aucun mot français (Paulicelli, 2004 ; D'Annunzio, 2019, p. 97), allant en 1939 jusqu'à la mise en place d'une étiquette obligatoire sur les vêtements réalisés en Italie afin de garantir leur *italianité* (D'Annunzio, 2019, p. 98). Ces mesures drastiques font cependant abstraction du fait que la plupart des vêtements étiquetés sont d'inspiration parisienne, voire même des copies de modèles parisiens.

Si le fascisme laisse sa marque sur les tentatives de création d'une mode nationale, l'idée même d'une mode purement italienne continue de faire son chemin au niveau esthétique chez les couturiers après la Seconde

Guerre mondiale. Elle se concrétise grâce au rôle joué par des couturières et couturiers tels que les sœurs Micol, Zoe et Giovanna Fontana (Rome, 1943), Fernanda Gattinoni (Rome, 1945), Irene Galitzine (Rome, 1946), Simonetta Visconti (Rome, 1946), et Germana Marucelli (Milan, 1932 et réouverture en 1945) (Caratozzolo, 2008). Certes, dans l'immédiat après-guerre, ces couturiers italiens acquièrent une nouvelle visibilité internationale car ils bénéficient du recul de Paris, occupée pendant la guerre, mais cela n'est pas la seule raison. Leur talent leur permet aussi de gagner en reconnaissance. Ils disposent alors d'un formidable atout : le fait que l'Italie possède un nombre important de manufactures textiles de haute qualité spécialisées en laine, soie, coton et en lin, réparties sur tout le territoire, en Toscane, en Vénétie, dans le Piémont et en Lombardie. Le succès de la création italienne devient tel que plusieurs couturiers italiens se font adouber par la presse américaine, tels que Salvatore Ferragamo qui obtient le prix Neiman Marcus en 1947 ; Emilio Pucci qui fait l'objet d'un article dans *Harper's Bazaar* en 1948, mais aussi de Germana Marucelli qui fait l'objet d'un éloge dans le *Women's Wear Daily* en 1950 (Belfanti, 2014, p. 324). À partir de 1950, le tournage de films américains au sein des studios romains de la Cinecittà, fondée en 1937, joue également un rôle déterminant dans la « découverte » des créateurs italiens par les Américains : les actrices venues pour tourner découvrant des styles nouveaux et originaux, les adoptent et font *de facto* leur promotion auprès des spectateurs.

Les couturiers italiens deviennent également plus visibles parce que la profession italienne de la mode décide de s'organiser (White, 2000, p. 36 ; Gnoli, 2001). La structuration de l'industrie italienne implique des organisations privées et publiques, qui, dès 1945, appellent de leurs vœux le développement d'une mode proprement italienne (Giangirolamo, 2017). Après la guerre se pose la question du sort de l'Ente nazionale della moda (ENM), non seulement de sa réorganisation, mais aussi de sa localisation en Italie. Rome exprime son souhait d'héberger l'ENM, provoquant l'hostilité de Turin qui revendique à son tour son souhait de disposer de l'ENM en raison de la longue tradition industrielle textile et artisanale de la région du Piémont. Devant la situation conflictuelle, et le flou régnant autour de l'avenir de l'ENM, Turin prend les devants et décide de créer, en décembre 1945, son propre organisme : l'Ente moda. Milan ne tarde pas à répondre à cette initiative en créant en 1948 le Centro italiano della moda pour promouvoir et protéger les intérêts de la mode milanaise. En 1949, c'est au tour de la chambre de commerce de Rome d'annoncer vouloir créer une tutelle unique pour la mode italienne, le Comitato della Moda di Roma, en raison de l'existence dans la capitale italienne des institutions financières nécessaires pour sous-tendre l'industrie de la mode. Cette annonce provoque le mécontentement de Turin et de Milan qui se désolidarisent de Rome. Devant ces divergences, l'État italien décide d'intervenir en 1951 pour conférer, le 17 février, à l'Ente Moda à Turin une reconnaissance légale.

Cinq jours avant, le 12 février 1951, une initiative, florentine cette fois-ci, émanant du milieu de la couture, change le paysage de la mode italienne (Pinchera et Rinallo, 2017). Giovanni Battista Giorgini, acheteur florentin d'artisanat haut de gamme italien pour les grands magasins américains, présente à Florence, alors considéré comme le centre traditionnel de l'artisanat italien et le berceau des exportations textiles italiennes vers les États-

Unis, le premier défilé italien réunissant plusieurs couturiers – l'*alta moda* – et ne montrant que des « vêtements exclusivement d'inspiration italienne » (Fayald, 1976). Ainsi que l'explique le *New York Times*, l'enjeu était alors pour les créateurs italiens de se frayer un chemin vers le marché international du vêtement féminin grâce à la présentation de purs produits italiens. Les maisons Carosa, Fabiani, Simonetta Visconti, Emilio Schuberth, les sœurs Fontana, Jole Veneziani, Vanna, Vita Noberasko et Germana Marucelli pour la couture, Emilio Pucci, Avolio, la Tessitrice dell'Isola et Mirsa pour le prêt-à-porter participent au défilé pour un total de 180 modèles. Giorgini réussit à réunir les journalistes du *Women's Wear Daily* et du *New York Times* et les acheteurs américains pour Bergdorf Goodman et B. Altman & Co. Cet événement qui se renouvelle en 1952 est un succès. Il est présenté par certains journalistes comme une déclaration d'indépendance à l'égard de Paris, même si Paris reste jusque dans les années 1960 le modèle à suivre. Comme l'explique le *New York Times*, le 29 janvier 1952, en dépit du succès des présentations italiennes, il n'est pas encore question que Florence remplace Paris comme le centre du monde de la mode : « chacune des industries française et italienne vont se développer de leur côté. Il y a de la place pour tout le monde, et l'Italie a son rôle a joué. Mais Paris sera toujours Paris. » Même la rédactrice du *Harper's Bazaar*, Carmel Snow, explique que si les textiles ainsi que l'utilisation des couleurs étaient exceptionnels, pour une « réelle créativité de modèles, il fallait encore regarder vers Paris ».

Le réveil de la création italienne s'ancre dans le territoire de Florence et de son histoire – celle notamment de la Renaissance – qui infuse à la fois le visuel des invitations ainsi qu'une exposition d'habits anciens et un défilé de costumes historiques qui prennent place avant et après le défilé de Giorgini (Belfanti, 2014). L'Italie trouve dans cette filiation culturelle et artistique avec la Renaissance – époque qui vit le goût italien influencer l'Europe – et ses savoir-faire ancestraux qui ne cessèrent d'évoluer jusqu'au XIXe siècle autour de la chemise, du tricot et des bas, ce qui allait former l'ADN même de son industrie de la mode. Cet héritage est comme une caution attestant du caractère séculairement artistique de la création italienne (Belfanti, 2014, p. 318). Autre caractéristique de la mode italienne des années 1950 : son positionnement à mi-chemin entre la haute couture parisienne inaccessible et le prêt-à-porter bas de gamme, une formule qui ne peut que plaire aux clients américains adeptes du *sportswear* depuis les années 1920.

Le succès de l'événement en 1952 explique pourquoi en 1953, l'Ente Moda à Turin propose à Giorgini un rapprochement avec Florence pour constituer le pôle d'attractivité de la mode italienne entre ces deux villes, en écartant Rome et Milan. En réponse, la capitale romaine constitue un Sindacato italiano alta moda (SIAM), appelant à une centralisation de la mode italienne à Rome comme la mode française est alors centralisée à Paris. Pour la chambre de commerce romaine, la situation est simple : il faut montrer un visage uni pour attirer les clients et acheteurs étrangers et faire en sorte que le séjour de ces derniers soit le plus simple possible et le plus attractif… des objectifs que seule Rome, capitale politique et économique du pays, peut atteindre. Cet esprit de clocher parmi les villes italiennes se retrouve aussi au niveau des maisons de couture parmi lesquelles on observe des scissions entre celles défilant à Rome et celles à Florence. Une répartition géographique bipolaire de la mode italienne semble alors se mettre en place. En 1958, une tentative de rapprochement entre Rome et Florence s'institutionnalise avec la création de la Camera sindacale della moda italiana sur le modèle de la Chambre syndicale de la couture parisienne (Giangirolamo, 2017). Les conflits et oppositions entre Florence, Rome et Turin ne se dissolvent cependant qu'en 1962 quand les présidents des chambres de commerce de Rome et de Florence se réunissent pour créer la Camera nazionale della moda italiana et lui donner une assise forte et un rôle officiel, mettant un terme à l'esprit de division régnant entre les villes italiennes cherchant chacune à être la « capitale de la mode » (Giangirolamo, 2017, p. 42). Des différends perdurèrent mais ils furent mis au service d'une complémentarité favorable au rayonnement italien dans le monde : la « mode boutique » c'est-à-dire du prêt-à-porter de qualité à Florence, la « mode de luxe » à Rome, l'industrie textile à Milan et l'habillement à Turin.

Dans les années 1960, l'Italie est à son tour touchée par le vent de rajeunissement qui sévit déjà en Grande-Bretagne. L'apparition de nouvelles boutiques avant-gardistes à Milan amorce un renouveau de la mode italienne autour d'une nouvelle figure : le styliste. Impliqué tout le long du processus de création et vente du vêtement, le styliste est présent du choix des tissus jusqu'à la médiatisation du produit, imprégnant de son « style » toute sa collection. L'un des premiers à s'affirmer styliste en Italie fut Walter Albini (Belfanti, 2014, p. 328) bientôt suivi par Valentino Garavani, Ottavio Missoni avec ses tricots à partir de 1953, Giorgio Armani et Versace. Ils permettent à la mode italienne féminine, puis masculine également à partir de 1969, d'accroître son influence sur la scène internationale. Formé à l'École de la Chambre syndicale de la couture parisienne, chez Jean Dessès et Guy Laroche, Valentino ouvre sa maison de couture à Rome en 1959. Choisissant le rouge comme sa couleur de prédilection, il réalise la robe de mariée de Jackie Kennedy en 1969 et s'impose comme le plus connu des couturiers italiens à travers le monde, proposant un style que la spécialiste Grazia d'Annunzio qualifie de mix entre le flair parisien et l'esthétique et les traditions romaines (D'Annunzio, 2019 ; Chitolina et Tyrnauer, 2009). De son côté, Armani, après avoir été styliste chez Nino Cerruti de 1961 à 1970, crée sa maison de mode masculine en 1974, puis lance des modèles féminins en 1975. Tête de file d'un style classique et chic, il devient mondialement connu après avoir réalisé les vêtements d'acteurs d'Hollywood, notamment ceux de Richard Gere dans *American Gigolo* en 1980. Gianni Versace fonde sa maison en 1978 à Milan. Il se démarque par des créations originales et « flamboyantes » à l'image des années 1980. Les stylistes italiens choisissent à cette époque de défiler à Milan qui devient de fait la capitale de mode italienne, nouvelle concurrente de Paris. Durant les années 1970, Milan qui est la capitale économique italienne, à la fois pôle à forte attractivité industrielle et culturelle, présente alors les meilleurs atouts pour y valoriser la mode.

Durant les années 1980, la mode italienne se démarque avec les créations de Moschino (1983, Milan) et Dolce & Gabbana principalement. Domenico Dolce et Stefano Gabbana sortent leur première collection en 1986. Leur style, conjuguant les imprimés, la lingerie et le corset, se caractérise par sa sensualité et son côté ostentatoire. La marque connaît un succès retentissant. Les deux créateurs habillent des vedettes, de Madonna à Whitney Houston en passant par Kylie Minogue. Durant les années 1990, l'Italie voit émerger des compagnies telles que Prada qui entendent rivaliser avec LVMH et Kering en disposant d'un portefeuille de plusieurs marques. Créée en 1913, à Milan, Prada est d'abord une entreprise de maroquinerie avant de diversifier ses activités vers le prêt-à-porter dans les années 1980 puis les chaussures, les parfums et de se constituer en groupe de luxe. De même, Gucci, créée à l'origine comme une boutique de maroquinerie en 1922, se développe et s'internationalise dans les années 1960 et 1970. Après un lent déclin dans les années 1980, la marque se réveille sous la direction de Tom Ford dans la décennie 1990. À l'instar de Versace, Gucci incarne une création italienne flamboyante, sexuée adepte du porno chic. Signe des temps, Gucci est racheté par le groupe français PPR – Pinault-Printemps-La Redoute –, devenu Kering, en 1999.

L'Europe n'est pas le seul continent où la France voit émerger des capitales de mode concurrentes après la Seconde Guerre mondiale. De l'autre côté de l'Atlantique, New York se développe tout au long du XXe siècle comme un centre de mode marqué du sceau de l'*American Look*.

LE *SPORTSWEAR* : LA NAISSANCE D'UN STYLE AMÉRICAIN ?

Depuis le début du XXe siècle, les États-Unis sont précurseurs dans le développement du prêt-à-porter, diffusé à travers les grands magasins et la vente par correspondance. Sa production, localisée sur la 7e Avenue, est basée sur le système de travail à domicile et est effectuée pour beaucoup par des immigrés venus d'Europe (Green, 1998). Cependant, cette avancée prise dans le prêt-à-porter ne fait pas véritablement de New York une ville de mode, avec un style propre et qui pourrait être exporté à l'international et rivaliser avec celui de Paris, d'autant moins que nombre de créations américaines en série ne sont que des copies de modèles parisiens (Stewart, 2005). À cette époque et jusqu'à la moitié du XXe siècle, Paris exporte ses prescriptions jusqu'aux États-Unis qui ne jurent que par les couturiers parisiens. Si ces derniers ne sont pas toujours compris par les Américains – les fantaisies de Paul Poiret telles que la jupe-culotte et la jupe entravée, par exemple, sont mal reçues dans les années 1910 et 1920 car jugées importables – ils restent les maîtres de la mode. Les Français le savent bien et n'hésitent pas à le rappeler aux Américains lors des tournées qu'ils entreprennent aux

États-Unis pour y répandre le goût parisien. Poiret part en conquérant à New York en 1913 puis c'est au tour de Jean Patou en 1924. Au-delà de ces tournées, les Américains connaissent le rôle pivot joué par Paris dans la mode : celui-ci leur est rappelé lorsqu'ils lisent *Vogue* (1892), *Harper's Bazaar* (1913), *Women's Wear Daily* (1910) ou le *New York Times* qui couvrent toutes les nouvelles présentations parisiennes.

La crise de 1929, limitant les importations des créations parisiennes aux États-Unis, conjuguée à l'influence croissante du cinéma et des stars hollywoodiens qui deviennent le vecteur d'un style vestimentaire marqué du sceau du *sportswear*, change la donne pour les États-Unis. La naissance d'un style proprement américain est concrétisée par plusieurs créatrices de mode telles que Dorothy Shaver, Claire McCardell, Elizabeth Hawes, Bonnie Cashin, Clare Potter, Hattie Carnegie et Muriel King (Deihl, 2018). À la tête de leurs maisons de couture, elles inventent des modèles uniques, qui s'éloignent de la simple imitation des modèles parisiens. Pionnière dans la mise en place du prêt-à-porter américain, plus souvent appelé *sportswear* ou *American Look*, Potter propose, dès 1930, des vêtements élégants et pratiques, tels que des pantalons et robes de plage, mais aussi des tenues du soir. McCardell, qui refuse de se plier au style parisien, se distingue par la création de vêtements pratiques pour la « femme qui travaille ». De son côté, Cashin fabrique des costumes de scène avant de dessiner, de 1937 à 1942, la ligne prêt-à-porter d'Adler & Adler, célèbre marque de manteaux et tailleurs pour femmes. Formée à l'économie, à l'anatomie puis à la couture, Hawes crée, de 1928 à 1940, des vêtements à la coupe en biais, qui bougent selon les mouvements du corps féminin et mettent en valeur ses courbes. Carnegie, d'origine autrichienne, ouvre son premier magasin de chapeaux et vêtements en 1909. Vingt ans plus tard, elle lance une ligne de prêt-à-porter de vêtements simples. King est, elle, connue pour ses vêtements colorés, coordonnés et interchangeables, destinés à être portés du matin au soir, ainsi que pour ses costumes pour Hollywood. Ces différentes initiatives, qui contribuent à renforcer le vivier créatif de couturiers à New York, trouvent un appui au sein du Fashion Group, créé en 1931 par Helena Rubinstein, Elizabeth Arden, Edna Chase, Dorothy Shaker et Eleanor Roosevelt pour soutenir l'activité des femmes dans l'industrie.

L'éclatement de la Seconde Guerre mondiale interrompt les importations de modèles parisiens. Les Américains trouvent alors là, plus que pendant la Première Guerre mondiale ou que pendant la crise de 1929, l'occasion de promouvoir une mode indépendante de Paris (Kurkdjian, 2020b). Tout est bon pour valoriser la création américaine. Les grands magasins organisent des défilés de modèles américains, lancent des campagnes de publicité telles que « All-American collection » chez Berdorf Goodman, « American Genius » chez Franklin Simon (Belfanti, 2014, p. 338), tandis que les magazines de mode tels que *Vogue* accordent toujours plus de pages aux créations américaines au détriment des modèles français. En 1941, c'est au tour de la mairie de New York d'organiser un festival de deux jours « New York's Fashion Futures » pour célébrer l'avenir des talents américains. La publiciste Eleanor Lambert joue un rôle essentiel dans cette politique de promotion, ne cessant d'envoyer communiqués de presse et photographies des nouvelles créations américaines à tous les journaux américains pour qu'ils contribuent à médiatiser les créateurs nationaux (Rennolds

Milbank, 1996). En 1943, elle organise une semaine de la presse – à l'origine de la New York Fashion Week – réunissant des journalistes américains de *Vogue* et de *Harper's Bazaar* mais aussi d'autres pays pour leur faire découvrir les talents américains dont Claire McCardell et Hattie Carnegie. À partir de 1945, un calendrier des défilés de mode est mis en place (Nudell, 2018). La même année, dans un article intitulé « New York – Capital of Fashion », le *New York Times* écrit que New York ne doit en aucun cas se sentir comme un « parvenu de l'élégance » car ses atouts naturels existent bel et bien et n'ont rien à envier à ceux de Paris. Ils doivent juste être mieux utilisés pour que New York devienne un centre de mode mondial créant non pas pour une élite mais pour le plus grand nombre et faisant rayonner sa propre vision de la mode et de la beauté.

À la Libération, malgré le retour sur le devant de la scène de Paris grâce à Christian Dior, la production industrialisée américaine ne faiblit pas et déferle même en Europe. Si la France est très avancée en matière de couture, elle est à la traîne pour la production en série, à tel point même que des missions françaises sont organisées aux États-Unis dans le cadre du plan Marshall à partir de 1948 pour que les confectionneurs de mode français comprennent les techniques américaines de production en série et les dupliquent en France (Grumbach, 2017). L'Amérique a tellement le vent en poupe qu'elle prend conscience de la nécessité d'organiser son industrie de la mode et fonde en 1962 le Council of Fashion Designers of America (CFDA). À l'instar de la Chambre de la couture parisienne, il s'agit d'une structure associative en charge de la promotion de la mode américaine. Le CFDA organise notamment les semaines de défilés à New York tout en soutenant activement les stylistes américains.

Les années 1960, balayées par un vent de libération et de nouvelles revendications de la part de la jeunesse, sont favorables au développement du prêt-à-porter américain. Bill Blass, Geoffrey Beene et Roy Halston sont les principaux porte-drapeaux de cette industrie américaine. Ils sont suivis par Ralph Lauren, Calvin Klein et Donna Karan qui deviennent mondialement connus dans les années 1980-1990, ambassadeurs d'une mode américaine élégante mais confortable, véritable symbole de l'*American way of life*. Plus que des vêtements, la mode américaine, au même titre que la musique et le cinéma, entend incarner une certaine idée de l'Amérique où tout est possible. La marque Ralph Lauren par exemple incarne le style du *self made man*, du sportif au cow-boy en passant par l'ouvrier et l'étudiant de la Ivy League. Polos, shorts, t-shirts, sweat-shirts, à la fois chics et décontractés, reflètent la vision idéale (et fantasmée) que Ralph Lauren se fait de l'Amérique entre la culture WASP à l'est et les cow-boys à l'ouest. Plus encore, ses vêtements sont performatifs : ils sont les habits de la réussite à l'américaine, reflétant le parcours même du fondateur, Ralph Lifschitz, devenu Lauren, qui, de fils d'immigrés juifs russes de condition modeste, est devenu un entrepreneur à succès à la tête d'une multinationale cotée en bourse.

La proposition vestimentaire américaine est diamétralement opposée à celle de Paris où l'élégance l'emporte sur la praticité et où la couture s'adresse à une seule catégorie de personnes : l'élite. Les deux visions de la mode qui s'affrontent, couture *versus* prêt-à-porter, reflètent plus largement deux écoles que chacun des deux pays veut exporter dans le monde comme modèle. Celle française, marquée par l'unicité des produits, leur exclusivité et leur aspect distinctif, et qui considère la mode certes comme une industrie mais avant tout comme un art. Celle américaine, marquée par la production en série, la praticité et le chic décontracté, et qui voit la mode d'abord comme un *business*. L'année 1973 marque un tournant symbolique dans la bataille que se livrent Paris et New York pour être les leaders internationaux de la mode. Cette année-là a lieu la « Bataille de Versailles » : cinq créateurs américains, dont Bill Blass, Oscar de la Renta, Anne Klein, Stephen Burrows et Roy Halston, sont invités en France à présenter leurs collections parallèlement aux créateurs français Yves Saint Laurent, Pierre Cardin, Hubert de Givenchy, Emanuel Ungaro et Marc Bohan chez Christian Dior. Les Français proposent des modèles très chics mais peut-être un peu trop somptueux tandis que les Américains dévoilent des modèles plus simples. La forme de présentation est aussi différente : les Françaises déambulent dans un décor élégant mais très classique tandis que les mannequins américaines, parmi lesquelles des Afro-Américaines, défilent de manière moins guindée en dansant et en souriant. Il en résulte une nette victoire américaine. L'événement marque un tournant symbolique dans l'histoire de la mode. L'hégémonie de Paris en tant que centre de la mode est remise en cause par l'ascendance de la mode américaine et la montée de New York en tant que nouvelle capitale mondiale de la mode. À partir de cette période, New York compte désormais sur l'échiquier mondial de la création vestimentaire, après Paris, Londres et Milan.

Les industries culturelles qui foisonnent durant les années 1980 et 1990 sont propices au renforcement du rayonnement de la mode américaine *via* les clips de

Madonna, Prince ou Michael Jackson, diffusés sur la chaîne MTV, créée en 1981 ; mais aussi *via* les séries telles que *Dallas* et *Amour, Gloire et Beauté*, ou *Deux Flics à Miami* et *Madame est servie* et enfin *via* les films tels qu'*American Gigolo* (1980), *Les Incorruptibles* (1987) et *Wall Street* (1987) dans lesquels les costumes élégants et imposants des acteurs réalisés par Armani popularisent le « *power dressing* ». L'élégance *sportswear* à l'américaine se diffuse également au travers de films comme *Gatsby le Magnifique* (1974) auquel contribue Ralph Lauren. Aux États-Unis, la super-médiatisation de la mode – qui se réalise aussi grâce aux médias spécifiquement de mode, on y reviendra dans la deuxième partie – passe essentiellement par l'image. Ainsi diffusée par des industries culturelles de masse et de poids, la mode est rendue accessible à tous, en entrant dans les foyers de tous les citoyens américains. À cette époque, elle devient aux États-Unis un produit de consommation comme un autre, un positionnement aux antipodes de celui de la mode française ou italienne.

Dès les années 1950, la mode américaine veut s'exporter. Elle se veut pratique et adaptée à la vie de tous les jours, loin des exubérances de la couture parisienne. Mais à la fin du XXe siècle, où en est la couture parisienne, cette invention qui a plus d'un siècle et qui doit composer avec d'autres pôles ?

DE QUOI LA MODE FRANÇAISE EST-ELLE LE NOM ?

Depuis la fin du XXe siècle, quatre « capitales de mode » coexistent dans l'industrie de la mode : Paris, Milan, Londres et New York, chacune des trois dernières ayant fait « les preuves » de son originalité créative. Parmi elles, Paris semble toujours parvenir à tirer son épingle du jeu. Sa réputation repose d'abord sur des chiffres : en France, les industries de la mode réalisent un chiffre d'affaires de 154 milliards d'euros dont 51,3 milliards d'euros d'exportations et ont créé plus de 6 000 emplois en 2019. Les principaux groupes français, à l'exception de Chanel, sont tous entrés au CAC 40 : avec une valorisation de 55,6 milliards d'euros pour Hermès, 55,8 milliards d'euros pour Kering et 121,3 milliards d'euros pour LVMH. En 2019, le luxe domine le CAC 40 devant la banque et le pétrole (« Les géants du luxe sont bien made in France », *Challenges*, 14 février 2019). Au-delà de ces chiffres, la réputation de Paris est aussi le résultat d'une construction culturelle. Depuis le XVIIIe siècle, on l'a vu, l'État, les syndicats, les couturiers, les éditeurs de presse mais aussi les clientes et les industriels multiplient les initiatives pour exporter la mode française dans le monde. Constituant une part importante de l'économie du pays, de son activité commerciale, mais aussi culturelle et touristique, elle est un élément central de l'ADN français, une image de marque, un label exclusif. N'ayant cessé de renforcer son aura au cours du XXe siècle, la mode est devenue un outil de *soft power*, « utilisé » par la France pour rayonner à travers le monde (Godart, 2010, p. 10). Ce concept de *soft power*, popularisé par l'Américain Joseph Nye, fait de la mode un moyen d'influence et de domination internationale pour la France. Au même titre que la gastronomie ou l'œnologie, la mode contribue au rayonnement français que ce soit au niveau matériel, en lui rapportant de l'argent, mais aussi au niveau immatériel en la confortant dans l'imaginaire collectif mondial comme une ville créative et de haute qualité. Selon le *New York Times*, les noms Dior, Yves Saint Laurent et Chanel sont probablement plus familiers aux touristes que Marianne qui est le symbole officiel du pays. Cela n'est d'ailleurs pas un hasard si plusieurs égéries de mode ont incarné Marianne : Inès de la Fressange, mannequin vedette chez Chanel entre 1983 et 1989, a été choisie pour symboliser Marianne de 1989 à 2000, suivie par Laëtitia Casta, qui a été le visage de la maison Yves Saint Laurent. Toutes deux ont joué le rôle d'ambassadrices du goût français. Les liens entre Paris et la mode sont si forts que la sociologue Agnès Rocamora parle de « l'anthropomorphisme » de Paris, une ville qui « fait » la mode (2009). Cette relation est si étroite que Paris attire les touristes grâce à ses musées et son histoire mais aussi grâce à son industrie de la mode et ses magasins de luxe de l'avenue Montaigne. Les touristes sont nombreux à vouloir entrer au moins une fois dans leur vie dans l'une des boutiques luxueuses de la mode parisienne et voir de leurs propres yeux ce dont ils ont entendu parler depuis longtemps : le Speedy monogrammé de chez Louis Vuitton, le Lady Dior de Dior, les carrés de soie, les sacs Birkin et Kelly de chez Hermès, le 2.55 et la petite veste en tweed « indémodable » de chez Chanel. Entrer dans l'un de ces magasins, être accueilli dans un cadre richement décoré et se faire présenter tous les modèles que l'on souhaite voir ou acheter relèvent du luxe d'expériences qui a succédé, au XXIe siècle, au luxe d'objets coûteux, selon le philosophe Yves Michaud (2013). Alors qu'ils pourraient le faire dans un magasin plus proche de chez eux ou en ligne depuis chez eux pour la plupart des marques, beaucoup de touristes tiennent à acheter leur sac Saint Laurent ou Dior à Paris, car en faisant cela, ils ont l'impression, selon Vanessa Friedman la rédactrice en chef du département mode du *New York Times*, d'acquérir une partie de la France qu'ils peuvent remporter avec eux dans leur pays d'origine. Pour Friedman, la mode parisienne est ainsi tissée dans le tissu territorial même du pays (« Embracing French Art and Fashion as a Counterattack », *New York Times*, 18 novembre 2015).

La place unique occupée par la capitale hexagonale dans le système global de la mode s'explique donc par des facteurs économiques et culturels. Mais de quoi cette spécificité, voire même cette fierté, française est-elle le nom ? La question doit être posée pour, d'abord, dépasser une lecture chauvine et réductrice de la mode française, pour, ensuite, saisir au contraire sa complexité et sa porosité aux influences étrangères, et pour, enfin, permettre une analyse nuancée de la géopolitique de la mode. L'exercice n'est pas difficile à effectuer car en se plongeant dans l'histoire de la couture française, on réalise très vite que ce que l'on appelle « la mode française » est en fait depuis longtemps le fruit d'ouvriers, d'ouvrières et de créateurs français et étrangers, formés à l'étranger pour la plupart. Depuis le début du XXe siècle, une très grande partie des petites mains ouvrières est issue de l'immigration. Les tailleurs juifs fuyant les persécutions comme les couturières arméniennes échappant au génocide commis par l'Empire ottoman laissent ensuite la place à des ouvriers venus d'Asie et d'Afrique. On retrouve le même phénomène du côté des couturiers. C'est en effet le cas du créateur de la haute couture, Charles Frederick Worth, qui était britannique. Par la suite, nombres de couturiers des maisons de couture parisiennes furent étrangers. C'est le cas de plusieurs maisons aujourd'hui oubliées, mais également de noms qui nous sont encore familiers. On distingue le cas des couturiers britanniques tels que John Redfern et Edward Molyneux ; italiens tels que Elsa Schiaparelli et Pierre Cardin ; espagnols tels Cristobal Balenciaga et Paco Rabanne ; américains tels que Weeks et Mainbocher ; allemands tels que Gustav Beer ; ukrainiens tels que Sonia Delaunay… À la fin du XXe siècle, la couture parisienne continue d'accueillir de nombreux couturiers étrangers en son sein. C'est le cas de Karl Lagerfeld qui travaille pour Jean Patou en 1959, pour Chloé en 1963, avant de reprendre la maison Chanel en 1983. En 1989, la maison Dior engage l'Italien Gianfranco Ferré comme directeur artistique puis l'Anglais John Galliano en 1996. De même, Givenchy recrute le Britannique Alexander McQueen de 1996 à 2001. De 2004 à 2012, l'Italien Stefano Pilati devient directeur artistique de Yves Saint Laurent tandis que Riccardo Tisci est appelé chez Givenchy entre 2005 et 2017. Depuis 2016, Maria Grazia Chiuri (1964), italienne également, est directrice artistique chez Dior femme. Ce brassage d'identités, qui s'explique notamment par le pouvoir d'attraction suscité par Paris depuis des siècles et son rôle de légitimation d'un talent (Zajtmann, 2014), se réalise institutionnellement puisque la Fédération de la haute couture et de la mode a mis en place un système pour accueillir les couturiers et créateurs étrangers sous deux catégories. D'abord, les « membres correspondants » qui réunissent les couturiers étrangers établis tels que les Italiens Valentino et Versace en 1995 et les Japonais tels que Issey Miyake, en 1993. Ensuite, les « membres invités » qui, depuis 1988, regroupent des marques françaises et étrangères émergentes. Tous veulent défiler à Paris et appartenir au petit monde exclusif de la couture parisienne, bénéficier de son prestige et de son rayonnement. Dans le même temps, Paris, pour rester Paris, le « *gate keeper* » de la mode, capte ces talents pour qu'ils contribuent, par leurs créations, à son rayonnement dans le monde. Tous ces designers non français et qui occupent un rôle au sein des maisons de luxe françaises adhèrent à cette idée de « mode française » devenue un concept, une idée en elle-même, et valorisent une sorte d'esprit de ce que la mode française représente (« Soft power de la mode », France Culture, 10 janvier 2018). Dit en d'autres termes, selon Vanessa Friedman, l'industrie de la mode française et ses décideurs auraient ainsi réussi à « labelliser » le fait qu'une partie de la proposition de valeur des créateurs réside simplement dans le fait que leurs produits ont été réalisés en France. Mais ce label « mode française » est-il un gage de qualité ou une limite ? La qualité d'un produit devrait-elle forcément être liée à un pays ou bien à une marque qui a engagé tel créateur, et mobilisé tels outils ? Aujourd'hui, 24 nationalités différentes sont présentes lors de la Paris Fashion Week tandis que 50 % des groupes qui présentent des collections ne sont pas français et plusieurs groupes français détiennent des maisons qui ne sont pas françaises et qui défilent à l'étranger. Sachant cela, qu'est-ce que la mode française dans un monde globalisé ? Plus encore, qu'est-ce qu'implique la « francité » (*ibid.*) ? Une attractivité liée à l'histoire du pays qui persiste aujourd'hui ? Une manière d'être cosmopolite ? Une École, celle de Paris ? Pourquoi cette idée de *melting-pot*, d'échanges culturels, de transferts d'idées et de techniques, d'apports « étrangers » qui ont largement contribué au rayonnement de la mode parisienne – qui ne sont jamais démentis jusqu'à aujourd'hui – n'ont jamais été véritablement mis en valeur dans l'histoire française de la mode ? Au lieu d'être la capitale de la mode française, Paris n'est-elle pas plutôt la capitale-monde de la mode, transcendant les frontières et origines ?

MÉDIAS, FASHION WEEKS, ÉCOLES ET MUSÉES : DES ATOUTS POUR EXISTER

Si Paris, Londres, Milan et New York peuvent revendiquer leur importance sur la scène internationale en s'appuyant sur l'ancienneté et la créativité de leurs couturiers, cela n'est pas suffisant aujourd'hui pour continuer de régner en maîtres sur le monde de la mode. Soumise à de perpétuels changements tant techniques, commerciaux, sociaux que médiatiques, l'industrie de la mode évolue dans un climat de plus en plus concurrentiel obligeant les différentes capitales à ne négliger aucun détail. Dans la géographie et les rapports de pouvoir qui se sont établis entre les capitales de mode depuis 1980, quatre éléments peuvent permettre d'évaluer la renommée et le rang qu'elles occupent sur la scène internationale : la force de frappe et l'innovation de leurs médias, la réputation de leur Fashion Week, le poids et la reconnaissance académique et professionnelle de leurs formations, et enfin l'importance qu'elles accordent à leur patrimoine de mode – quatre enjeux majeurs pour exister et avoir du poids à l'échelle internationale.

L'IMPORTANCE DES MÉDIAS DANS LA FABRIQUE DES CAPITALES DE MODE

Sans médias pour rendre compte de l'activité de leurs créateurs, les capitales de mode seraient-elles capitales de mode ? La promotion de la mode, comme celle des autres industries culturelles, d'abord portée par la presse, la télévision et aujourd'hui par les médias numériques, joue un rôle central dans le rayonnement des capitales de mode. Au-delà même des nouveaux vêtements qui sont portés à la connaissance du public, il en va de la question de l'image qu'ils renvoient et de ce que les consommateurs du monde entier perçoivent de la créativité et de l'esprit d'innovation français, américain, anglais et italien. La gestion d'une politique médiatique est donc un enjeu de taille pour ces capitales toujours inquiètes de « l'image » qu'elles ont auprès de leurs clients. Impliquant plusieurs acteurs officiels – les médias papiers et numériques, les syndicats, les marques, les institutions culturelles, économiques et politiques – la communication et la promotion de la mode sont multiformes. Ces capitales doivent aussi composer avec d'autres voix telles que les usagers des réseaux sociaux. Sur la scène internationale, dans un contexte de lutte d'influences, on distingue deux « écoles » dans la manière dont les capitales de mode communiquent et médiatisent leur industrie : d'un côté, l'école latine représentée par Paris et Milan, partisane d'une communication maîtrisée et limitée, de l'autre, l'école anglo-saxonne, incarnée par New York et Londres, favorable à une communication de masse autour de leurs créateurs. Si ces écoles cohabitent, elles rentrent aussi en confrontation lorsque l'industrie de la mode est soumise à des problématiques plus globales. Les différences que l'on peut noter dans l'appropriation du numérique par chaque capitale de mode contribuent notamment à renforcer les rivalités de pouvoir entre elles et leur course au contrôle de l'industrie de la mode.

De l'écrit à l'image dans la médiatisation de la mode

Dès le XVIIIe siècle, les médias de mode français – les poupées, les estampes puis les journaux – sont prépondérants et se diffusent dans le monde entier. Paris, capitale de mode, « donne le ton » *via* une diffusion internationale de ses journaux tandis que New York et Londres se contentent de suivre ses décisions (Sullerot, 1963 ; Soulier, 2008). Les prémices d'une inversion du rapport de force entre Paris et New York se font jour après la Première Guerre mondiale quand le format de la presse magazine, sous l'influence américaine, se développe dans plusieurs domaines et principalement celui de la mode (Charon, 2008 ; Feyel, 2007). Publiant de plus en plus de photographies au détriment de dessins, le journal de mode devient un support de publicités, vitrines de l'industrie de la mode. L'éditeur américain Condé Nast (Seebohm, 1982) est l'un des premiers, avec William Hearst, à développer le magazine de mode avec *Vogue*, créé en 1892, qu'il rachète en 1909. Très vite, Nast veut internationaliser son magazine : il publie *Vogue* anglais en 1916 et *Vogue* français en 1920 (Kurkdjian, 2014, 2019). À cette époque, alors que certains déplorent l'américanisation de la société française dans la musique et le cinéma (Rioux et Sirinelli, 2004), Nast exporte dans les médias de mode un modèle médiatique dont nous sommes les héritiers aujourd'hui : un magazine d'images, à visée commerciale, et sponsorisé par des marques de luxe, une « machine à faire la mode », explique Roland Barthes (1967). À la même époque, les Américains développent également leur emprise médiatique sur la mode par le biais du cinéma hollywoodien dont les actrices s'imposent en modèles de mode à suivre. Précurseurs, *Vogue* et son journalisme à l'américaine (Feyel, 2001) exportent leur marque de fabrique en Europe, inspirant la naissance des magazines *Marie-Claire* en 1937 et *ELLE* en 1945 en France. Américanisation de la presse de mode ou internationalisation des pratiques (Delporte, 2006), la question reste ouverte, mais déjà une lutte se dessine entre les partisans du magazine sur papier glacé, orné de photographies et comportant de nombreuses publicités (les Américains) et ceux favorables à un journal fait de dessins sans trop de publicités (les Français) ; et, au-delà, entre deux visions de la mode et du magazine de mode. Les premiers considèrent le magazine de mode comme un support commercial de l'industrie de la mode, un outil de communication et de vente pour aider les lectrices dans leurs achats. Les seconds ont une vision plus artistique de la mode et plus culturelle du magazine qui doit avant tout plaire aux yeux et refléter un certain art de vivre à la française.

Dans la seconde moitié du XXe siècle, et surtout à partir des années 1990 et 2000, la presse américaine ne cesse de faire parler d'elle par l'intermédiaire de ses journalistes vedettes telles que Suzy Menkes et Anna Wintour. La première, rédactrice du *International Herald Tribune* de 1988 à 2014, ainsi que du *New York Times* et du *Harper's Bazaar*, puis rédactrice pour les éditions étrangères de *Vogue* de 2014 à 2020, s'impose par sa plume parfois acerbe qui n'hésite pas à critiquer publiquement des collections. La seconde devient directrice de *Vogue* en 1988. Avec sa silhouette (tailleur jupe Chanel, cheveux courts avec frange et lunettes de soleil portées même en intérieur) devenue sa signature, et connue pour son autorité, elle a même été l'objet d'un livre adapté en film, *Le Diable s'habille en Prada*, où elle est représentée comme un « tyran » craint par toute l'industrie. Considérée comme la « femme la plus puissante de la mode », à la fois déifiée et diabolisée, Wintour, qui soutient des créateurs tels que Marc Jacobs, Alexander Wang et Olivier Theyskens, est autant aimée que détestée, mais elle fait l'unanimité sur la manière inégalée dont elle a réussi à faire de *Vogue* le premier magazine de mode au monde et à imposer une façon de faire et de voir américaine (« Anna's World », *New York Times*, 1997).

Dans les années 1990-2000, dans un contexte de mondialisation des marques et de standardisation des modes de consommation, alors que la presse de mode américaine devient prescriptrice, la presse française, par l'intermédiaire du magazine *ELLE* intégré au sein du groupe Lagardère, essaie de l'imiter en s'internationalisant. Après une première déclinaison au Japon en 1970, *ELLE* mise sur la glocalisation, c'est-à-dire l'adaptation au pays (Taveaux-Grandpierre, 2013). Des États-Unis en 1985 à la Côte d'Ivoire en 2017, en passant par le Brésil en 1988, la Corée en 1992, la Pologne en 1994 et le Vietnam en 2010, *ELLE*, devenu une marque internationale, dispose aujourd'hui de 45 éditions dans le monde. À la même époque, la télévision américaine investit le territoire de la mode par deux voies. D'abord, l'Amérique est à l'origine des émissions de mode sur le décryptage des Fashion Weeks, ponctuées d'entretiens avec des designers et de discussions autour des « looks » à adopter, telles que *Style with Elsa Klensch* sur CNN entre 1980 et 2001 et *House of Style*, présentée sur MTV entre 1989 et 2000. Ces émissions, rigoureusement mises en scène, présentées par des top-models américains dont Cindy Crawford, contribuent à donner à l'industrie de la mode une dimension de spectacle. Au même moment, d'autres formats télévisuels tels que les séries jouent un rôle essentiel dans la médiatisation de la mode : *Miami Vice* (1984-89), *Dynastie* (1981-89), *Amour, Gloire et Beauté* (1987) puis *Clueless* (1996-99) notamment (Church Gibson, 2012). Les années 2000 sont aux émissions de téléréalité contribuant encore plus radicalement à une spectacularisation de la mode telles que *America's Next Top Model* présentée par Tyra Banks à partir de 2003 et *Project Runway* présentée par Heidi Klum à partir de 2004. Toutes les deux surfent sur l'idée du rêve américain en donnant, pour la première, la possibilité à de jeunes mannequins de défiler pour les grands couturiers et, pour la seconde, l'opportunité de présenter sa collection lors de la Fashion Week de New York. En janvier 2020, c'est Netflix qui lance *Next in Fashion* où des designers s'opposent pour remporter un prix de 250 000 dollars et vendre leur collection sur Net-a-Porter. En mars de la même année, un pas de plus est effectué dans la course à l'ultra-médiatisation de la mode quand *Making the Cut*, aux airs de superproduction hollywoodienne, est lancé sur Amazon Prime. Opposant des créateurs du monde entier, le concours vise à décerner le titre de meilleur styliste à l'un d'entre eux et à l'aider à développer sa marque grâce à un million de dollars et un contrat pour mettre en vente sa collection sur Amazon.

À l'ère de la télévision succède l'ère du numérique et, là encore, on note une vraie ligne de démarcation entre les villes latines peu intéressées par les technologies numériques et les capitales anglo-saxonnes qui les saisissent à bras le corps, affirmant ce faisant davantage encore leur force de frappe dans l'industrie de la mode.

New York et Londres à l'assaut du numérique

Au cours des années 2010, l'explosion des nouvelles technologies et notamment des réseaux sociaux continue de renforcer les Anglo-Saxons dans leur volonté de changer la façon dont les vêtements sont conçus, présentés, consommés et partagés par les consommateurs (« Fashion in the Age of Instagram », *New York Times*, 10 avril 2014). Les nouveaux outils, tout à la fois d'information, de communication et de vente deviennent des moyens de rassembler la génération Y puis la génération Z autour de l'idée de communauté, de forger un imaginaire autour des marques et de susciter le désir par le dévoilement des coulisses des nouvelles collections, la présentation de défilés en direct *via* des *stories* et des événements spéciaux accessibles à tous. L'essor d'Instagram aurait même conduit les créateurs à repenser les volumes et même les couleurs de leurs collections mais aussi la mise en scène de leurs défilés. Sur les réseaux sociaux, l'image prime. Virale, elle doit marquer le *follower*. Ces évolutions sont à mille lieux des conditions dans lesquelles la mode était rendue publique une fois qu'elle sortait des ateliers à Paris à la fin du XIXe siècle. À destination d'une élite restreinte, les nouvelles collections n'étaient accessibles d'abord qu'aux plus riches clientes, aux journalistes et aux acheteurs choisis à l'avance lors de présentations qui se déroulaient à l'abri des regards indiscrets pour éviter tout risque de copie (Evans, 2013). Cette évolution radicale explique pourquoi la médiatisation numérique des défilés aujourd'hui divise les capitales de mode. Si les créateurs de prêt-à-porter américains et anglais, soutenus par des syndicats de la mode enclins à organiser des partenariats avec Google et Instagram, ont embrassé le tournant numérique, les couturiers français et italiens se montrent plus réfractaires, suspectant le numérique d'accroître le vol de propriété intellectuelle, le piratage commercial et la contrefaçon. Dans une étude publiée en 2016 « Digital or Die: The Choice for Luxury Brands », les auteurs parlent « d'une grande variation géographique dans la maturité » numérique des consommateurs de luxe et distinguent les consommateurs américains et anglais, très enclins à acheter en ligne, des Français et des Italiens qui privilégient l'expérience du shopping en magasin. Depuis les années 2000-2010 se joue ainsi une bataille entre les adeptes de la communication spectacle et du numérique (les Anglo-Saxons) et ceux qui préfèrent les médias traditionnels, garants (une illusion ?) d'une certaine discrétion et protection des secrets de l'industrie (la France et l'Italie).

On peut dater du milieu des années 1990 les prémices de cette différence de positionnement. Le 31 octobre 1995, initiative inédite : certains défilés de la Fashion Week de New York (NYFW) sont captés par un appareil photographique numérique et mis en ligne dix minutes après la fin des défilés (« Era of Instant, On-line Fashion Opens », *New York Times*, 31 octobre 1995). Suzy Menkes écrit : « La “mode” n'existera peut-être bientôt plus – au sens, j'entends, où une ligne nouvelle naît dans l'esprit créatif d'un designer, défile sur le podium, est achetée par des magasins prestigieux et est portée par une élite connaisseuse avant d'être diffusée au grand public. Au lieu de cela, tout, des pantalons côtelés de Helmut Lang aux motifs floraux de Comme des Garçons en passant par la dernière ceinture de Gucci, sera instantanément disponible dans une sorte de version de "fast fashion" ». En 1996, suite à cette numérisation des défilés de mode, Suzy Menkes répond que les défilés, autrefois réservés aux professionnels, sont devenus propriétés publiques, et qu'il faut s'adapter à son temps. Dix ans plus tard, Menkes prolonge sa réflexion et écrit : « L'appareil photo numérique est l'œil de l'ouragan qui a changé le paysage de la mode » et, plus loin, ajoute que le public de la mode est devenu le monde (« Digital Eye at Center of a Fashion Hurricane », *New York Times*, 3 octobre 2005), amorçant un changement radical dans la diffusion de la mode. Menkes fait allusion aux dix ans pendant lesquels la médiatisation de la mode s'est accélérée sous l'influence du média en ligne anglais, SHOWstudio, créé par Nick Knight en 2000. « Plate-forme unique pour nourrir et encourager la mode à s'engager avec l'image en mouvement à l'ère numérique », SHOWstudio proposa, avant Facebook et YouTube, des films de mode repoussant sans cesse les limites de l'innovation technologique et artistique. S'invitant dans les coulisses des créateurs et des défilés en direct, SHOWstudio rendit la mode accessible à un plus large public en ouvrant les portes d'une industrie jusque-là très secrète. Knight posa là les jalons d'une révolution dans la médiatisation de la mode, considérant le film comme une « nouvelle proposition visuelle » plus immédiatement émotionnelle et puissante que la photographie.

Les marques anglo-saxonnes suivent les pas de Nick Knight puisqu'on retrouve très tôt chez elles cette propension à embrasser les outils du numérique. En 1998, alors qu'il rentre de Paris pour défiler à New York, Helmut Lang est le premier créateur à présenter sa collection sur son site Internet, sur CD-ROM et en vidéos. Il explique que cette initiative est le résultat de « sa philosophie inclusive, avant-gardiste et ouverte à la technologie », le point de départ d'une nouvelle manière de communiquer (« A Shock to the System », *Vogue*, 9 février 2016). Tommy Hilfiger appartient aussi à cette génération de designers américains ouverts au numérique. En 2012, il crée une « conciergerie pour le social média » lors de la NYFW : une plateforme animée nuit et jour par 25 personnes pour répondre à toutes les demandes des journalistes et influenceurs du monde entier sur la nouvelle collection. En 2014, pour rendre sa mode encore plus accessible, il partage son défilé sur *InstaMeets* (une rencontre organisée sur Instagram avec 20 instagrammeurs), crée des séquences vidéo sur sa collection qu'il diffuse en boutique mais aussi sur son site Internet, Facebook, Twitter, YouTube et Instagram. Le créateur a ensuite collaboré avec des start-up de reconnaissance d'images pour permettre d'acheter ses produits directement après son défilé. De l'autre côté de l'océan, en Angleterre, Burberry figure parmi les premières marques à avoir adopté la communication numérique dès 2006 avec l'ouverture d'une page Facebook, l'achat d'iPad pour ses employés pour suivre les stocks et les historiques d'achats des clients, le lancement du site « Art of the Trench » où chacun peut se faire photographier en portant un trench. Son chiffre d'affaires avait alors augmenté de 14 %. Aujourd'hui, ses différents réseaux sociaux sont présents au niveau mondial, une présence renforcée grâce à des partenariats avec Snapchat, Google, DreamWorks Animation, Instagram et Apple TV. La marque est la première à avoir doublé ses défilés physiques d'événements numériques en interaction avec sa communauté. En mars 2018, quand Riccardo Tisci prend les rênes de Burberry, une nouvelle étape numérique est franchie : des Burberry B-Series sont organisées durant 24 h chaque mois pour permettre aux acheteurs d'acheter des pièces directement en ligne tandis que des partenariats avec des « influenceurs » permettent à la marque de rajeunir son audience.

L'inclination des marques anglo-saxonnes pour le numérique et les nouveaux médias est sans doute liée à la nature et à l'histoire mêmes des industries de la mode anglaise et américaine. New York et Londres ont en effet toujours tendance à appréhender leur mode prêt-à-porter comme un produit de consommation comme un autre, et le défilé comme un spectacle qui doit marquer le public et l'encourager à acheter les nouvelles collections. La mode est avant tout envisagée comme un divertissement, et certaines cérémonies de remises de prix mises en place par les deux capitales rappellent par bien des côtés Hollywood et les blockbusters américains. Que cela soit le Met Gala créé en 1948 à New York, le CFDA Fashion Award mis en place en 1981 ou les Fashion Awards (British Fashion Awards depuis 2016) créés en 1989, ces grandes messes relayées sur les réseaux internationaux constituent des temps forts pour la mode. Les positions prises par les capitales de mode vis-à-vis du numérique sont aussi le résultat des politiques menées par leur syndicat de la mode. Du côté de New York et de Londres, on note que le Council of Fashion Designers of America (CFDA) et le British Fashion Council (BFC) se sont impliqués très tôt dans le numérique. Depuis 2009, le CFDA est dirigé par des personnalités qui ont une connaissance des nouveaux médias que cela soit du côté de Diane de Fürstenberg, sa présidente jusqu'en 2019, animatrice de sa propre émission de téléréalité ou Steven Kolb, son directeur. Ceci explique pourquoi en 2016 le CFDA a signé par exemple un partenariat avec Google afin de créer un carrousel d'images et d'informations sur plusieurs marques américaines et anglaises telles que Marc Jacobs, Tom Ford et Burberry. Ce que l'on appelle aussi des *Google Posts* permet, grâce à un algorithme informatique de Google, de faire remonter différentes informations sur une marque, de la rendre plus visible et de « booster » son audience. De son côté, le BFC, depuis 2009, a fait du numérique sa priorité en nommant à sa tête des personnalités issues de cette industrie. Caroline Rush, experte en marketing, devient directrice générale du BFC en 2009 tandis que Natalie Massenet est nommée à la présidence en 2013. Fondatrice du portail de mode de luxe numérique Net-a-Porter, elle a un profil différent des présidents précédents très ancré dans le numérique, et est convaincue que le luxe peut se conjuguer avec les nouvelles technologies. Entrepreneuse née, elle fait du site Internet de la London Fashion Week une plateforme foisonnante des dernières histoires du microcosme de la mode, de sondages, d'images, de cartes localisant les showrooms des marques, et diffuse presque la moitié des défilés en direct. Afin que Londres devienne la rampe de lancement des nouvelles technologies, elle n'hésite pas à collaborer avec Google, Facebook et Twitter. En 2018, son remplacement par Stephanie Phair, directrice de l'expérience client chez Farfetch, une plateforme numérique vendant des marques et créateurs de luxe, ne fait que renforcer cet ancrage numérique.

Dans cet essor du numérique, une évolution majeure est à noter : l'apparition de nouveaux acteurs médiatiques, les « influenceurs ». Suivis par des milliers, voire des millions, de « *followers* », ils ont pris le relai des journalistes. Ces nouvelles figures ont d'abord été des anonymes qui ont commencé par ouvrir un blog de mode au début des années 2000 en plein essor d'Internet. Leur blog leur sert alors de journal où ils partagent leur goût pour la mode et leurs derniers achats. En 2011, on compte 2 millions de blogs de mode. Les bloggeuses de mode incarnent l'antithèse des journalistes de mode de la presse écrite, caricaturées alors comme inaccessibles et « achetées par les marques » – leur magazine leur interdisant de porter un regard critique sur les collections des couturiers au risque sinon de perdre leurs annonceurs tels que LVMH ou Kering. Le succès aidant, les bloggeuses sont très vite invitées par les couturiers au premier rang des défilés des Fashion Weeks. Un exploit quand on connaît la difficulté d'entrer dans le saint des saints des Fashion Weeks.

Cependant, au fil des années, avec la professionnalisation du blogging, les bloggeuses, rattrapées par les attaques qui touchaient avant les journalistes de la presse écrite, sont critiquées pour leur trop grande proximité avec l'industrie. En dix ans, les blogs de mode passent ainsi d'une image d'espace de liberté d'expression à des espaces financiarisés vitrines des marques... à l'instar de la presse de mode. C'est alors qu'apparaît Instagram, le 6 octobre 2010. Plus visuel, plus dynamique, le nouveau média social, qui offre la possibilité de publier – et de retoucher à l'infini – des images, accompagnées d'hashtags (#fashion #outfitoftheday), d'émoji mais aussi de *stories* et de *reels,* devient rapidement un média essentiel dans l'industrie de la mode. Adopté par les marques, il s'impose aussi et avant toute chose comme le moyen d'expression et de communication préféré de millions d'individus dans le monde. En 2020, le média, qui a fêté ses dix ans d'existence, compte plus d'un milliard d'utilisateurs actifs mensuels dont 70 % a moins de 34 ans. En France, il peut se prévaloir de 21 millions d'utilisateurs (le 3e média social après YouTube et Facebook). Donnant une voix à des millions d'instagrammeurs anonymes, il multiplie les regards et les avis – souvent au grand dam des designers et des décisionnaires de l'industrie – sur les collections et la mode, même si de manière générale les instagrammeuses portent un regard très consensuel sur la mode. La plupart d'entre elles sont d'anciennes bloggeuses de mode, telles que la Française Garance Doré (728 000 abonnés) et l'Italienne Chiara Ferragni (21,8 millions d'abonnés) ou bien des mannequins telles que l'Américaine Emily Ratajkowski (27 millions d'abonnés) et Alexa Chung (4,1 millions d'abonnés). Au-delà même du phénomène médiatique, ces figures mondialement populaires sont devenues les nouveaux partenaires des marques pour vendre leurs produits mais aussi rajeunir leur image et attirer une nouvelle clientèle. Plus jeunes, plus réactives, bercées au son des nouvelles technologies, elles ont changé le visage de la médiatisation de la mode.

Les hésitations françaises et italiennes face aux nouveaux médias

Du côté français et italien, la médiatisation de masse et le numérique n'ont pas été adoptés aussi vite. En cause, les trop grandes expositions et accessibilités permises par les nouvelles technologies qui ne sont pas du goût des pays latins. Les industries parisienne et italienne, dépositaires des savoir-faire ancestraux de la couture et des métiers d'art, ont toujours voulu protéger la rareté de leurs produits et leur exclusivité. En 2009, alors que SHOWstudio retransmet en direct sur son site le défilé d'Alexander

McQueen, Knight s'étonne encore que quelques maisons continuent de communiquer à l'ancienne et cible la couture française, et notamment Chanel, qui veut contrôler son image (« Fashion's Best Digital Mirror », *New York Times*, 30 décembre 2009). La raison de cette frilosité tient à l'histoire et à la nature mêmes des industries de la mode italienne et française qui, face à la médiatisation anglo-saxonne, défendent une certaine idée du luxe discret, exclusif (et élitiste ?) incompatible avec la communication et la consommation de masse. Cette différence se note tant au niveau des positions adoptées par la Fédération de la haute couture et de la mode (FHCM) et la Camera nazionale della moda italiana (Chambre de la mode italienne) face à la numérisation des défilés qu'à celui des marques, plus lentes à adopter les nouvelles technologies. En 2012, Chanel ne permet pas la vente en ligne de ses sacs ou collections de vêtements, et son président, Bruno Pavlovsky en explique les raisons : « Vous avez besoin d'être dans la cabine d'essayage. Vous devez avoir un tailleur qui modifie les vêtements pour les adapter exactement à votre corps. Je pense que cela fait partie de Chanel. C'est plus que le service que l'on doit rendre aux clients. Proposer un prêt-à-porter parfait pour nos clients fait partie de notre différence » (« Why Can't You Buy Chanel Online?, *ELLE UK*, 24 octobre 2012). En 2017, évoquant l'importance de l'émotion, de l'âme de la maison Chanel, il réitère ses propos en expliquant que le numérique ne remplacera jamais l'expérience physique. Les KHOL (Kering, Hermès, l'Oréal et LVMH) ne seraient donc pas proches des GAFA (Google, Apple, Facebook, Amazon) ? La situation n'est pas si tranchée. On note deux éléments. D'abord, quand la notoriété n'est pas portée par les dirigeants des marques, elle est de plus en plus incarnée par leurs directeurs artistiques présents sur Instagram. C'est le cas d'Olivier Rousteing chez Balmain qui partage les coulisses de ses collections, invite des artistes sur son compte personnel, ce qui participe à rajeunir l'image de la marque et toucher les *millenials*. Ensuite, on remarque qu'au sein des marques de luxe françaises et italiennes des exceptions existent et que certaines se convertissent depuis peu au numérique. Du côté italien, les choses évoluent depuis cinq ans. En 2015, quand Alessandro Michele devient le directeur artistique de Gucci, il décide de renouveler l'image de la maison en misant sur l'excentricité et le numérique. Il investit les réseaux sociaux et notamment Instagram avec des posts décalés, propose une application où les utilisateurs peuvent télécharger des fonds d'écran, des images des défilés et créer leurs avatars en 3D personnalisables avec les collections Gucci. En 2016, Prada opte aussi pour le numérique en ouvrant une plateforme de e-commerce traduite en chinois, coréen, anglais et russe, où il est possible d'acheter des accessoires mais aussi les collections de prêt-à-porter. Du côté français, chez Chanel, les choses ont également évolué en 2019 quand la maison a investi un milliard de dollars dans sa transformation numérique. Ce plan a permis le développement d'un *storytelling* numérique autour de l'histoire de la maison, ainsi que l'ouverture de son e-commerce dans treize nouveaux pays, même si seuls les cosmétiques et les parfums y sont vendus et que le prêt-à-porter et les sacs à main ne restent accessibles qu'en boutique. Entré au capital de la plateforme anglaise Farfetch de vente en ligne, Chanel a cependant expliqué que ses magasins allaient se numériser et développer des services numériques personnalisés. De son côté, Hermès, qui s'était lancé dans le numérique en 2001 avant de prendre du retard, a fait le grand saut en 2017 avec l'ouverture d'une nouvelle plateforme numérique au Canada, aux États-Unis, en Europe et en Chine en 2018. Voulant garder la main sur le contenu publié, Hermès explique avoir opté pour un « flagship digital » qui « mélange e-commerce et communication, avec la diffusion de petits films » (« Hermès passe à l'offensive dans le digital », *Les Échos*, 21 mars 2018). Augmenter sa notoriété et faire grimper ses ventes ou conserver sa réputation de grande exclusivité ? Hermès semble opter pour un équilibre entre mise en avant de produits et dévoilement des coulisses de la création au sein de la maison. Au sein des marques françaises, les évolutions vers le numérique sont donc récentes et largement contrôlées. Si elles sont ouvertes à l'utilisation de nouveaux outils pour valoriser leur histoire et leur image de marque, c'est à la condition de maîtriser les canaux de communication qui doivent être mis au service de la tradition et ne pas être utilisés comme un gadget grand spectacle.

Peut-on schématiser le monde de la mode entre les Anciens (Paris et Milan) favorables aux médias traditionnels de la mode et aux codes régissant la couture depuis la moitié du XXe siècle et les Modernes (New York et Londres) enclins à un nouveau système de mode ouvert aux nouvelles technologies et qui doit se réinventer ? La défense de la création comme résultat d'une recherche renouvelée autour de la matière et des formes, d'un côté, s'opposerait à l'idée d'une industrialisation de la mode considérée comme un produit de consommation comme un autre, comme le vin de garde s'oppose au beaujolais nouveau. Si le numérique oppose les capitales de mode, la Fashion Week fait-elle consensus parmi elles ?

LEVER DE RIDEAUX LORS DES FASHION WEEKS

« Attention, elle arrive ! Avec son cortège de voitures aux vitres fumées et de squelettiques créatures à talons aiguilles, la caravane de la mode pose ses bagages monogrammés à Paris, après quatre semaines de marathon entamé à New York le 8 septembre, puis Londres et Milan. Paris est donc le point final de cette transhumance du style qui a lieu deux fois par an dans ces quatre villes, les “Big Four” de la mode. Ce sont donc plus de 1 600 journalistes accrédités en provenance de 43 pays, des acheteurs français ou étrangers des grands magasins ou des boutiques multimarques, des photographes, mannequins, coiffeurs, maquilleurs et autres spécialistes de l'image, du son et de la lumière qui vont prendre possession d'un couloir “doré” allant du jardin des Tuileries au Grand Palais, où ont lieu les shows les plus attendus » (« À qui profitent les Fashion Weeks ? », *Le Monde*, 23 septembre 2012). Ces mots écrits dans *Le Monde* reflètent le caractère exceptionnel des Fashion Weeks dont les défilés de quinze minutes coûtent en moyenne entre 100 000 et 300 000 euros, certains pouvant atteindre plusieurs millions d'euros. Héritière des présentations orchestrées par les couturiers dans leur salon de couture depuis la fin du XIXe siècle, la Fashion Week, ou Semaine de la mode, est devenue l'un des événements clefs des capitales de mode pour promouvoir les collections de leurs créateurs. Face la plus visible de l'industrie de la mode, la Fashion Week est tout à la fois associée à l'idée d'une grande messe internationale attendue et suivie par un public de professionnels et d'amateurs grâce à l'essor des réseaux sociaux, d'un spectacle grandiose hyper-médiatisé, mais aussi d'un puissant outil de communication au service des marques. Commerciale, touristique, médiatique, la Semaine de la mode se fait aussi de plus en plus politique et sociale. Oscillant entre spectacle à gros budget et manifeste, elle est en effet devenue une scène où une maison, par son directeur artistique, exprime sa vision de la mode, des rapports sociaux et de genre. Ces dernières années, la Fashion Week est également devenue un moment de déploiement d'outils technologiques avant-gardistes : en 2014, la maison Fendi utilise des drones pour filmer en direct son défilé et le retransmettre sur son site Internet afin de permettre « aux fans de se rendre compte à quoi ressemble un show, comme jamais on n'en a vu auparavant » (« Des drones à la Fashion Week de Milan », *Le Monde*, 21 février 2014).

La Semaine de la mode est intimement liée à la ville où elle a lieu. Non seulement, elle a des retombées financières importantes pour cette dernière (car elle engendre la venue d'acheteurs, de journalistes et de clients qui passent plusieurs jours dans la ville et consomment), mais elle est aussi essentielle en termes de retombées médiatiques pour la notoriété créative de la ville, à tel point que chaque Semaine de la mode est devenue l'objet d'une vive compétition entre capitales. Qu'ils prennent place dans un lieu privatisé pour l'occasion tel que le Grand Palais, la Tour

Eiffel, le Musée du Louvre, la cour carrée du Louvre, le Lincoln Center, le jardin des Tuileries, le parvis du Trocadéro ou la Tate Modern, les défilés sont des événements dont chaque détail – la lumière, la musique, la mise en scène – est géré au millimètre près par des agences spécialisées au service de la notoriété des villes. Chacune des Fashion Weeks des quatre principales capitales de mode a ses particularités liées à l'histoire même des villes : à Paris, l'élégance intemporelle, à Milan, l'audace créative, à Londres, la création avant-gardiste et à New York, le prêt-à-porter *sportswear.*

Si Paris a pris du retard sur le plan numérique et médiatique, la capitale française conserve une place incontestée sur l'échiquier mondial des Fashion Weeks.

Paris Fashion Week, l'indétrônable ?

Six fois par an, Paris est le point de convergence de tous les regards des professionnels de la mode : deux semaines consacrées à la haute couture en janvier et juin ; deux semaines dédiées à la mode masculine en janvier et juin et deux semaines pour le prêt-à-porter en mars et septembre – l'ensemble respectant la binarité des saisons printemps-été et automne-hiver. Jusqu'à 100 défilés peuvent être étalés sur 9 jours. Dernière semaine de défilés après ceux de Londres, New York, et Milan, Paris bénéficie d'une place particulière : les acheteurs, qui attendent d'avoir assisté à toutes les Fashion Weeks avant de confirmer leurs ordres d'achat, ne peuvent rater cet événement tout comme les journalistes qui attendent Paris au tournant. Anna Wintour, la directrice de *Vogue*, aurait d'ailleurs toujours comme objectif de « ravir à Paris sa couronne de reine du style et la poser sur la tête de New York (...) l'Amérique doit être la première ! » (« À qui profitent les Fashion Weeks ? », *Le Monde*, 23 septembre 2012). Paris doit aussi son statut particulier au fait que la ville, en raison de son histoire de mode ancienne, attire plus de couturiers désirant défiler sur son sol que les autres capitales de mode : la plupart des couturiers, de quelle que nationalité qu'ils soient, souhaitent en effet d'abord présenter leur collection à Paris (Delpal, 2015, p. 7) car entrer dans le calendrier officiel parisien donne une légitimité unique. « Accepté » par Paris, le créateur est adoubé par la profession et les médias, et sait que sa carrière est lancée. Pour ces deux raisons au moins, la Fashion Week de Paris sait qu'elle doit être à la hauteur des espérances de son public.

Le calendrier officiel des défilés est mis en place en 1973, date qui correspond à la création de ce qui est aujourd'hui la Fédération de la haute couture et de la mode. Depuis, la Fashion Week de Paris ne cesse de se faire remarquer par ses défilés spectacles, les maisons allant jusqu'à recréer des supermarchés, des stations spatiales, des aéroports, des plages et des stations de métro comme cadres de leurs défilés pour transporter le spectateur dans un univers inédit. On note notamment cette tendance chez Chanel sous la direction artistique de Karl Lagerfeld. Propices à l'étonnement, les défilés de ce dernier ont été aussi les premiers à être très visuels et donc très médiatisés, marquant les spécialistes comme les néophytes. Les mises en scène spectaculaires constituaient, et constituent toujours, un moyen de moderniser une créativité centenaire – la maison Chanel a été créée en 1910 –, largement associée à la haute couture élitiste du début du XXe siècle, et de lui donner un coup de jeune, mais aussi de montrer aux autres capitales de mode de quoi Paris est capable en termes d'innovation. La station spatiale recréée par Lagerfeld en 2017 sous la coupole du Grand Palais en est un exemple parmi d'autres : autour de la fusée de 37 mètres ornée des deux C de la maison qui trône au centre du hall avant de décoller dans un brouhaha de fumée, des mannequins aux allures futuristes (casque de cosmonaute, bottes et collants argentés scintillants, robes couvertes de motifs argentés, veste en cuir matelassé argenté) défilent, témoignant du modernisme de la marque, de sa volonté de conquête spatiale succédant à la conquête terrestre débutée au début du XXe siècle par Gabrielle Chanel. D'autres marques excellent dans le genre. En mars 2019, le défilé Saint Laurent prend place dans les jardins du Trocadéro où une boîte de nuit a été installée dans laquelle 3 000 miroirs reflètent par diffraction les scintillements de la Tour Eiffel. Pendant quinze jours, 300 techniciens ont installé 1 000 ampoules pour aboutir à un tel effet. Alors que les lieux phares de Paris – les musées notamment – ont longtemps joué le rôle d'écrin des défilés, il s'agit maintenant pour les marques, telles que Jacquemus ou Marine Serre, de louer des espaces vierges au cœur de la ville et à proximité des monuments emblématiques qu'elles modèlent ensuite à leur goût et rendent très photogéniques, une stratégie idéale à l'heure d'Instagram pour être relayée dans le monde. Parallèlement à cette recherche toujours plus poussée de la performance visuelle incarnée dans la géographie parisienne, les dernières années ont été consacrées au déploiement d'un nouveau marketing au service de la promotion de la Paris Fashion Week qui est devenue une marque en 2014 quand le label PFW (Paris Fashion Week) a été déposé. Ce label, comme celui de « haute couture » en 1945, a un fort pouvoir attractif pour les sponsors qui n'hésitent pas dès lors à s'y associer. C'est le cas notamment de Mercedes, de Maybelline en 2015 et même d'H&M qui, le temps de la Fashion Week en 2015, a sorti des sacs ornés de l'inscription « H&M loves Paris Fashion Week ».

L'implication de Paris dans sa Fashion Week s'explique par l'importance tant économique que symbolique revêtue par cette dernière. Chaque année, Paris revendique sa place de leader en termes d'organisation de Fashion Week, et si la question est l'objet de nombreux débats, il n'en reste pas moins que les chiffres sont édifiants pour la Fashion Week de Paris (IFM, 2018) : chaque année, elle engendre plus de 10 milliards d'euros de transactions commerciales, génère 1,2 milliard d'euros de retombées économiques (communication, publicités, hôtellerie, restauration, transport...), propose 400 défilés avec 50 % de marques étrangères invitées dans le calendrier officiel, organise 27 salons professionnels accueillant 14 000 exposants dont 75 % de marques étrangères et 100 000 visiteurs individuels dans ces salons. Par ailleurs, la Fashion Week de Paris attire en moyenne 5 000 visiteurs du monde entier, faisant grimper le taux de fréquentation des hôtels à 85 % contre 70 % hors Fashion Week. Ces chiffres aidant, la Paris Fashion Week est devenue une vitrine pour la ville et un événement porté par les pouvoirs publics, et notamment par la ville de Paris qui, en plus de louer ses institutions pour les défilés, a développé des programmes de valorisation et de soutien financier pour la mode française tels que « La mode aime Paris » lancé par Anne Hidalgo en 2015 et placardé dans tout Paris *via* des affiches géantes, mais aussi par la présidence de la République. La première initiative émanant de l'Élysée date de 1984 quand, sous l'influence de Jack Lang, François Mitterrand avait invité des créateurs et industriels de la mode dont Yves Saint Laurent et Pierre Cardin. Le 5 mars 2018,

Emmanuel et Brigitte Macron, à leur tour, ont organisé un dîner à l'Élysée en conviant cent créateurs français et étrangers défilant à Paris, tels que Maria Grazia Chiuri pour Dior, Jean Paul Gaultier, Olivier Rousteing pour Balmain, Jacquemus, des dirigeants tels que Sidney Toledano (LVMH), Bruno Pavlovsky (Chanel), des figures de la presse telles qu'Anna Wintour, des entrepreneurs tels que Sézane et le Slip français, ainsi que des étudiants.

L'importance économique revêtue par les Fashion Weeks explique pourquoi les autres capitales de mode n'ont cessé de vouloir renforcer et distinguer leur propre Fashion Week.

S'imposer face à la Fashion Week de Paris : le défi pour Londres, New York et Milan

Les Fashion Weeks italienne, anglaise et américaine poursuivent le même objectif de réussite que la Fashion Week parisienne avec plus ou moins de succès. Chacune a d'abord tenté de se positionner sur le même plan/segment que Paris avant d'opter pour imposer sa propre singularité et d'exister en dehors de Paris. Le chemin a été semé d'embûches en raison de facteurs géographiques, structurels et techniques. Le cas de l'Italie est intéressant. À la différence de la France, les manifestations de mode n'y sont pas centralisées car elles se répartissent entre Milan, Florence et Rome. Cette situation a longtemps empêché l'émergence d'une Fashion Week italienne facilement identifiable, même si les choses ont pu évoluer ces dernières années. En effet, concentrant les bureaux de *Vogue Italia* depuis les années 1960 ainsi que les maisons Armani, Versace, Moschino, Dolce & Gabanna, Prada et Gucci, Milan a réussi à s'imposer comme la capitale de la mode féminine italienne. Sa Fashion Week a lieu après celle de

Londres et avant celle de Paris. Elle se singularise par le fait qu'elle ne fasse défiler que des maisons italiennes telles que Gucci, Prada, Armani et Versace et par sa volonté de mettre en lumière le « Made in Italy ». Ce positionnement, à rebours de l'internationalisation de la Fashion Week parisienne, lui a valu de nombreuses critiques ces dernières années. La Fashion Week de Milan a été notamment décriée pour son calendrier qui laisse peu d'espace aux marques émergentes et aux griffes internationales de renom qui lui préfèrent ainsi Paris, New York ou Londres. Florence, de son côté, accueille deux fois par an le salon de mode masculine du *Pitti Uomo* depuis 1972. Quant à Rome, après avoir surmonté des difficultés économiques, la ville essaie depuis 2016 de se concentrer, *via* le salon de l'AltaRoma, créé en 2010, sur la promotion des jeunes designers romains émergents.

Du côté anglais, en dépit d'une créativité qui ne se dément pas depuis les années 1960, Londres, dont la première Fashion Week a lieu en 1984, a longtemps souffert de la rivalité avec Paris et New York pour s'imposer sur la scène internationale. Durant les années 1990, bien qu'elle fasse défiler Alexander McQueen et Stella McCartney, la Fashion Week de Londres perd de son influence quand McQueen part défiler à New York. Il faut attendre les années 2000 pour que Londres regagne en popularité grâce aux extravagances d'Hussein Chalayan, de Christopher Kane, de Gareth Pugh, de Jonathan Saunders et d'Erdem Moralioglu. De l'autre côté de l'Atlantique, New York s'investit dès les années 1970 pour créer un écosystème favorable à son émergence comme capitale de la mode. En 1972, le maire John Lindsay crée un Festival de mode, un centre d'information pour les acheteurs dans le Garment district, renomme la 7e Avenue entre la 34e et 42^e^

« Fashion Avenue », et implique le service de l'urbanisme, de la propreté et de la police de la ville pour coordonner la Fashion Week dans les meilleures conditions possibles.

Dans le cas de toutes ces Fashion Weeks, on remarque le rôle actif joué par les syndicats de mode pour renforcer l'aura de leur Semaine de la mode. Leur défi est de trouver la « recette magique » pour différencier leur Fashion Week de celle de Paris, et ainsi retenir l'attention des médias. Les syndicats italien (la Camera nazionale della moda) et anglais (le British Fashion Council) ont opté pour la même solution : maintenir un équilibre entre l'ADN séculaire de leur industrie avec l'innovation, entre la tradition et le business. En Italie, l'objectif de la Camera est en effet d'arriver à un système unique associant l'artisanat séculaire italien avec les propositions de créateurs novateurs, tandis qu'en Grande-Bretagne, l'enjeu pour le BFC depuis la fin des années 2000 est de faire évoluer la Fashion Week de Londres commercialement sur la scène internationale sans la priver de sa touche excentrique qui constitue historiquement son image de marque. Chez les deux, on trouve cette volonté de conserver leurs spécificités créatives anciennes et locales mais de les immerger dans les relations commerciales internationales en industrialisant leur processus de production, de diffusion et de vente. Pour ce faire, la Grande-Bretagne et l'Italie ont renforcé les assises professionnelles de leurs structures syndicales pour transformer ces dernières en véritables entreprises possédant des interlocuteurs de référence, reconnus à l'étranger. Cette volonté de professionnaliser l'industrie de la mode et de la doter d'acteurs, de structures et de financements solides se retrouve du côté américain. À partir des années 2000, la production et l'organisation de la Fashion Week de New York sont confiées à une agence artistique WMA (William Morris Agency) – représentant les intérêts des artistes depuis 1898 et notamment ceux de Charlie Chaplin et d'Elvis Presley – qui orchestre les défilés comme des spectacles vivants, l'objectif étant de restructurer et renforcer la visibilité de la NYFW. Puis, au milieu des années 2010, le Conseil des créateurs de mode américains (CFDA) décide de s'attaquer au calendrier des défilés qui, contrairement à ceux de Paris, Londres et Milan, manque encore d'une programmation centralisée. Élaboré depuis 1943 par la vétérane de l'industrie de la mode, Ruth Finley (Nudell, 2018), le calendrier était devenu confus et les professionnels avaient des difficultés à naviguer dedans, selon le CFDA qui décide alors de s'emparer du calendrier et de le retravailler. Son objectif est de donner un esprit d'entreprise à la Fashion Week de New York en mettant le calendrier des défilés sur le site Internet du CFDA, ainsi que sur une application afin de le rendre accessible à tous.

L'un des principaux défis auquel sont confrontées Milan, Londres et New York est de parvenir à conserver sur leur sol des designers qu'ils ont formés mais qui préfèrent encore aller défiler à Paris. L'enjeu est tel que depuis plusieurs années, les trois capitales de mode ont mis en place une politique de soutien financier et de mentorat aux jeunes designers. Il s'agit pour eux de mettre fin à la fuite des cerveaux à Paris et New York en multipliant les actions de soutien envers les jeunes créateurs, selon le *International Herald Tribune* (« Harvesting the Seed Corn », 17 septembre 2012). Le NewGen créé en 1993 et sponsorisé par Topshop à partir de 2001 et le BFC/Vogue Designer Fashion Fund lancé en 2008 et soutenu par Burberry, Harrods, Paul Smith, Topshop et *Vogue* figurent parmi les prix britanniques les plus honorifiques. En 2011, la création du BFC Fashion

Trust concrétise ces différentes initiatives qui s'avèrent payantes : Burberry, Paul Smith, Matthew et Luella réintègrent la Fashion Week de Londres en 2009, permettant à la capitale anglaise de redorer son blason de capitale de mode et de s'affirmer comme un « territoire expérimental », un « vivier unique » où les professionnels cherchent toujours le prochain prodige de la mode (« Laboratoires d'idées », *Le Monde*, 20 septembre 2012). Du côté américain, on observe les mêmes initiatives au début des années 2010 alors même que la Fashion Week de New York décline à la suite du départ de plusieurs designers pour Paris. Le CFDA oriente ses actions autour de points essentiels : la formation et le financement de bourses d'études, le développement professionnel auprès des jeunes designers pour leur apprendre à développer leur réseau, à avoir recours au numérique pour gérer leur marque, les événements clefs (tels que la Fashion Week et le Fashion Calendar) et les événements caritatifs (tels que le Vogue Fashion Fund créé en 2003, et les Fashion Awards). Les efforts pour proposer un soutien logistique et financier aux designers sont suivis d'effets puisqu'en 2018, Rodarte et Proenza Schouler, deux marques qui s'étaient exilées à Paris, reviennent défiler à New York, tandis que d'autres, étrangères, les rejoignent comme la maison Longchamp pour son premier défilé de prêt-à-porter, espérant derrière conquérir le marché américain. Pour les journalistes, la mode américaine retrouve à cette époque ce qui constituait son ADN – un certain glamour et une certaine excentricité – et s'éloigne d'un style uniquement *sportswear* et d'une logique purement commerciale qu'elle avait adoptée ces dernières années. À la même époque, la Fashion Week de New York devient une alliée de poids pour la politique et se fait de plus en plus manifeste.

Les Fashion Weeks se politisent

L'élection présidentielle américaine de 2016 notamment est l'occasion de voir les stylistes prendre position à travers leurs collections – Marc Jacobs propose un t-shirt pro-Hillary Clinton qu'Anna Wintour, la rédactrice en chef de *Vogue*, en personne, porte en public. En février 2017, les mannequins de Raf Simons pour Calvin Klein, entrant sur le tube *This is not America* de David Bowie, défilent le bras levé, bandana blanc noué autour du poignet en signe de protestation anti-Trump. Imran Amed, le fondateur du site Business of Fashion lance quant à lui la campagne #TiedTogether en invitant tous les acteurs de la mode, les invités compris, à porter ce bandana de contestation. D'autres tels que Prabal Gurung présentent des t-shirts ornés de « *Revolution has no borders* », « *I am an immigrant* » se positionnant contre la politique d'immigration de Donald Trump. Au-delà même des designers, c'est le CFDA qui lance un programme de soutien au Planning familial menacé par l'administration de Trump (« Des fashion week très politiques », *Le Monde*, 15 mars 2017). Dans un contexte sanitaire compliqué et une Amérique divisée depuis le meurtre de George Floyd, l'élection de 2020 montre à nouveau comment la mode joue un rôle de poids dans la vie politique du pays. Certaines marques, comme Patagonia, Nike, Glossier, J. Crew, réunies sous le mouvement « Power the Polls », ont fermé leurs boutiques, siège social et centres de distribution le jour des élections pour inciter leurs collaborateurs et clients à se rendre aux urnes. Parallèlement, elles ont proposé des jours de congés à leurs employés pour les encourager à dépouiller les bulletins de vote. De son côté Virgil Abloh, directeur artistique des marques Louis Vuitton homme et Off-White a créé le collectif « Fashion our

Future 2020 » réunissant des créateurs de mode. Au-delà de la création de vêtements à l'effigie de « Model Voter », le groupement a publié un historique du droit de vote aux États-Unis. D'autres créateurs ont accepté, à l'initiative de Michelle Obama, de créer des vêtements et accessoires accompagnés d'un QR Code permettant de s'inscrire directement au registre national tandis que d'autres encore ont commercialisé des t-shirts siglés « Vote or Die », « Vote » (« 5 choses à savoir sur l'engagement de la mode dans la présidentielle américaine », *Les Échos*, 6 novembre 2020). Enfin, les créateurs eux-mêmes ont soutenu publiquement Joe Biden. Réunis sous le projet « Believe in Better », ils ont vendu des produits en ligne sur le site de Biden afin de lever des fonds pour sa campagne présidentielle. Nombreuses, ces initiatives, lancées par des marques dont les clients majoritairement riches, blancs et éduqués vont voter d'eux-mêmes, n'auraient que peu d'impact sur les populations plus modestes, ouvrières et immigrées qui sont moins nombreuses à voter, et une grande partie de ces initiatives ne seraient que le résultat d'un calcul économique, selon le sociologue Frédéric Godart. Cela ne s'appliquerait néanmoins pas à plusieurs jeunes marques, telles que Pyer Moss lancé par Kerby Jean-Raymond, qui ont utilisé leur notoriété pour soutenir les associations travaillant à la sensibilisation au vote des populations jeunes et modestes (« Élection américaine, la mode s'en mêle », *Le Monde*, 26 octobre 2020).

En Europe, les relations entre mode et politique sont d'une autre nature et vont dans une autre direction. Les créateurs sont peu à prendre fait et cause pour un parti politique, mais les chefs d'État sont plus nombreux à manifester leur attachement à l'industrie de la mode de leur pays que cela soit *via* l'octroi d'aides financières ou de nouvelles réglementations pour favoriser les conditions de séjour et de travail des créateurs. Dès 2012, par exemple, une politique de visas est développée permettant aux designers étrangers de rester à Londres deux ans après leurs études. Le soutien politique se veut aussi symbolique. En 2012, signal fort pour la mode anglaise, le Premier ministre David Cameron et sa femme Samantha affirment publiquement leur soutien à la mode anglaise tandis qu'en février 2016, Matteo Renzi ouvre la Fashion Week de Milan pour la première fois de son histoire et confère à la mode une dimension nouvelle et un vrai rôle de *soft power* (« Italian PM Matteo Renzi to Open Milan Fashion Week », *The Guardian*, 3 février 2016). En Grande-Bretagne, la mode et la politique ne cessent d'entretenir des relations étroites. En 2020, alors que l'annonce du Brexit met en lumière, tout en les menaçant, les efforts réalisés par le BFC ces dernières années pour mettre Londres sur le devant de la scène internationale de la mode (« How Will Brexit Impact the UK Fashion Industry ? », *Evening Standard*, 13 mars 2019), la Reine d'Angleterre apparaît au premier rang de la Fashion Week de Londres aux côtés d'Anna Wintour. Comme un clin d'œil à la situation et afin de souligner l'importance de Londres comme centre de création, en 2018, la Reine, venue pour remettre le « Prix Elizabeth II de la mode » à Richard Quinn, en profita pour rappeler que « du tweed des Hébrides à la dentelle de Nottingham en passant par Carnaby Street, notre industrie de la mode est réputée pour son savoir-faire exceptionnel depuis de nombreuses années. Elle continue à produire des textiles de classe mondiale et des créations à la pointe du progrès » (« La Reine Elizabeth fait sa première Fashion Week à 91 ans », *Marie-Claire*, 20 février 2018).

Le couple mode et politique revêt une autre forme encore lorsque l'on s'intéresse au cas des Premières dames. Ces dernières ont acquis au cours des dernières années un rôle de représentation de plus en plus important. Et qui dit représentation dit message véhiculé par la personnalité mais aussi par les vêtements des Premières dames, scrutées par les médias lors de leurs apparitions publiques et déplacements. Elles sont nombreuses à revêtir les habits du pouvoir national lorsqu'elles effectuent des visites officielles à l'étranger. Leurs tenues sont alors réalisées par des créateurs de leur pays afin de valoriser ses savoir-faire et de promouvoir son industrie. Ce fut le cas de Jackie Kennedy, de Nancy Reagan aux États-Unis, de Carla Bruni et de Brigitte Macron en France, de Peng Liyuan en Chine et de tant d'autres. On note aussi qu'en signe de dialogue, les premières dames ont souvent l'habitude, lorsqu'elles voyagent à l'étranger, de choisir des tenues réalisées par un créateur du pays hôte ou bien une tenue réalisée par un couturier de leur propre pays mais faisant un clin d'œil, *via* une couleur ou un motif, à la culture du pays hôte. La mode est alors utilisée comme « méthode douce » pour rassembler les peuples et les cultures, montrer le respect de l'invitée (l'ambassadrice) envers son hôte. Dans la longue liste des Premières dames, une seule, pour l'instant, a voulu transgresser les codes jusque-là respectés : Melania Trump. Le 21 juin 2018, cette dernière rend visite à des enfants sans-papiers à la frontière entre les États-Unis et le Mexique en portant une veste Zara siglée « I really don't care. Do you ». Quelques mois plus tard, Melania Trump se rend au Kenya en arborant un chapeau qui est une copie conforme du casque colonial porté par les colons français, britanniques et néerlandais propriétaires d'esclaves. Désinvolture ou provocation à l'égard des Démocrates, des médias ou bien de son mari, alors président des États-Unis, Donald Trump ?

La guerre des Fashion Weeks

Si les objectifs et modalités des différentes Fashion Weeks ont longtemps fait consensus, ils sont devenus aujourd'hui objets de débats, révélant des rivalités entre les capitales de mode pour le maintien de leur place hégémonique dans l'industrie de la mode. Tandis que pour les Américains et Britanniques, le défilé doit soutenir la commercialisation des collections de prêt-à-porter, pour la France et l'Italie, le défilé a davantage une valeur de vitrine : il doit susciter du rêve et de la désirabilité. La différence est fondamentale. Si les marques anglo-saxonnes vivent de la vente des pièces présentées lors de leurs défilés, les marques françaises et italiennes vivent non pas de la vente de leurs pièces haute couture ou de prêt-à-porter de luxe mais avant tout des ventes des accessoires (lunettes, parfums, foulards, maroquinerie...) engendrées par le défilé. Le défilé revêt ainsi pour elles une véritable valeur symbolique : il doit valoriser l'image de la marque, sa créativité, conduire les clientes à acheter des accessoires de la marque à défaut de pouvoir acquérir une robe haute couture, et au-delà, forger chez elles une image luxueuse de la marque, une certaine idée du savoir-faire à la française. Récemment, un « événement » a mis en lumière ces différences. En décembre 2015, le CFDA, soutenu par plusieurs créateurs anglais et américains tels que Burberry, Tommy Hilfiger, Vetements, et une étude menée par le cabinet Boston Consulting Group sur le calendrier des défilés, propose le système du *see now, buy now*, c'est-à-dire de pouvoir commercialiser les collections juste après leur présentation lors des défilés au lieu de devoir attendre six à huit mois comme il est habituel de le faire depuis la naissance des Fashion Weeks – ce système répond alors à un besoin de temps : celui des couturiers et créateurs qui ont besoin d'au moins six mois pour produire en série ce qu'ils présentent sur les podiums. Le *see now, buy now* entend abroger ce système jugé obsolète à l'heure de la viralité permise par les réseaux sociaux et la diffusion en masse des collections et favorable à la copie par les marques de *fast fashion.* L'idée des Américains et Anglais est de s'adapter au nouveau système médiatique et à la nouvelle consommation. Pour beaucoup de couturiers français (à l'exception de Paco Rabanne) et italiens, pour la Camera et la FHCM, céder ainsi à la pression de l'immédiateté instaurée par les nouveaux médias serait un mauvais choix car cela aurait un impact sur la qualité des collections. Selon eux, le *see now, buy now* est peut-être attractif pour les créateurs de *sportswear*, de prêt-à-porter commercial, reproductible rapidement et facilement, à savoir les marques anglo-saxonnes, mais dommageable pour ceux qui produisent des collections plus élaborées et qui ne pourront donc pas commercialiser auprès du public leurs collections au lendemain du défilé, c'est-à-dire les Français et Italiens. Comme la presse française a tendance à le résumer, avec cette proposition, les Américains visent « à convertir la création française à leur schéma particulier, tourné vers le *sportswear*, l'*entertainment* et le business tout-puissant » (« Paris affirme son statut de capitale de mode », *Madame Figaro*, 24 février 2016). Par ailleurs, au-delà même de la qualité, Paris et Milan défendent l'idée de « désirabilité » créée par les six mois d'attente après le défilé qui permettent d'infuser la collection dans l'esprit des clients, qui est même constitutive de la « création du désir dans l'univers du luxe ». Après s'être mis d'accord avec Carlo Capasa, président de la Camera nazionale della moda italiana, Ralph Toledano, le président de la FHCM, prend la parole pour « organiser la riposte ». Il explique d'emblée qu'il existe une différence entre les marques anglaises et américaines qu'il qualifie de « *consumer driven* », c'est-à-dire motivées par l'objectif commercial pour lesquelles « l'idée du divertissement, d'ouverture au public, revêt un sens » et les marques de mode françaises et italiennes guidées par la recherche de créativité et de rêve et qui ne veulent pas être réduites à l'idée de business et dépendre du bon vouloir des acheteurs ou des instagrammeurs. Au-delà de la question même de la Fashion Week, c'est donc une certaine manière de faire, une certaine vision de la mode et de la consommation qui se joue ici entre les Anglo-Saxons et les Latins, chacun essayant de convertir l'autre. Toledano va d'ailleurs plus loin dans son attaque du *see now buy now* pour évoquer plus largement un savoir-vivre à la française que les Anglo-Saxons essaient de détruire. Dans son discours, il met en opposition les villes de création (Paris et Milan) où les marques qui défilent sont triées sur le volet et où « ce n'est pas open bar », des villes de mode (Londres et New York) où les défilés ont lieux dans un « stade de 5 000 personnes pendant que telle rock star est en train de chanter ». Plus loin, il distingue la « valorisation des marques » à l'européenne de « la téléréalité » anglo-saxonne et explique : « J'ai le plus grand respect pour la culture américaine mais ce n'est pas pour autant que j'engage mes enfants à s'empiffrer de hamburgers. Dans nos domaines, nous n'avons rien à leur envier car nous possédons une légitimité et une puissance incontestables (*ibid.*). » Ainsi, on le voit, il n'en va pas seulement d'une différence dans la manière de penser le défilé, il en va davantage d'une différence (irréconciliable ?) d'être au monde, de le comprendre et d'y évoluer, qu'une partie du monde tente d'imposer à l'autre.

Plus récemment, la crise sanitaire du Covid-19 a fait réapparaître d'autres tensions « politiques » entre les capitales de mode. Dans « The Fashion Industry's Reset: an Important Message from the CFDA & BFC », le 21 mai 2020, le CFDA et le BFC s'expriment d'une seule voix pour demander la diminution du nombre de Fashion Weeks, mais aussi que les défilés virtuels prennent le pas sur les défilés physiques pour des raisons économiques, écologiques et liées aussi, à cette époque, à la situation sanitaire. En face, la Camera et la FHCM s'opposent d'abord à l'idée générale de défilés en ligne. Capasa répond aux Anglo-Saxons que leur conception commerciale de la mode et du défilé de mode, accessible en ligne à tous et répondant donc aux usages des *millennials*, relève du marketing pur, et que l'Italie et la France ne voient pas du tout le défilé comme un outil de marketing mais comme un moment privilégié, catalyseur de rêve et d'émotions : « Je persiste à croire que nous devrions conserver quatre Fashion Weeks par an » (*Fashion Network*, 27 mai 2020).

En dépit de ces partis pris, Paris organise une Fashion Week numérique en juillet 2020. Pourquoi ? Car Paris ne pouvait pas être absent de l'échiquier des Fashion Weeks. L'événement, élaboré en un temps record, et prenant la forme d'une succession de vidéos par maison, programmées dans l'ordre du calendrier officiel traditionnel, montre en effet à quel point Paris connaissait l'importance d'être réactif. Alors même que plusieurs couturiers américains et italiens se sont positionnés très tôt en avril 2020 contre la frénésie des Fashion Weeks, Paris a dû agir très vite pour garder son rôle de leader face à ses concurrents. Comme l'explique *Challenges*, « Paris a senti passer le vent du boulet. Alors que d'autres métropoles – Shanghai, New York, Londres, Copenhague… – cherchent à se poser en concurrentes sur la carte mondiale des Fashion Weeks, la capitale de la mode se devait de défendre sa place. » Sidney Toledano, directeur de LVMH, explique que « Paris a gagné une position qu'on ne va pas lâcher » (« Quand la haute couture se met en mode 3.0 », *Challenges*, 7 juillet 2020). En proposant une Fashion Week numérique et en nouant des partenariats avec YouTube, Google, Facebook et Instagram, Paris a renié (pour un temps ?) ses principes, mais la capitale a su faire preuve de réactivité et de flexibilité – deux qualités essentielles inhérentes au *leadership*. Par ailleurs, la performance numérique, qu'elle réponde à une circonstance particulière comme dans le cas de la crise du Covid ou bien à une volonté particulière d'un créateur, ne remplacera jamais les défilés physiques, selon Pascal Morand, qui explique « l'univers digital ne se substitue pas à l'univers physique. C'est un autre monde qui procure des sensations et une émotion souvent différentes » (« À quelques heures de la "Paris Fashion Week Online" masculine », *Fashion Network*, 8 juillet 2020). En septembre 2020, la FHCM opte d'ailleurs pour un format hybride à la fois physique et digital. Le défilé « à la française » a-t-il encore de longues années devant lui ?

Au-delà même des défilés et de la médiatisation des capitales de mode, la question de la formation occupe désormais une place centrale dans leur importance à l'échelle internationale.

DU RÔLE DES ÉCOLES DANS LA RÉPUTATION DES CAPITALES DE MODE

Pour Paris, New York, Londres et Milan, l'une des clefs pour conserver leur statut de capitale de mode demeure leur capacité à former des designers qui marqueront de leur empreinte l'industrie de la mode. Détenir des écoles de mode, pourvoyeuses de talents, contribue largement à donner du poids à la capitale de mode (Divert, 2010). L'école agit comme un sésame qui ouvre ensuite « toutes » les portes aux diplômés. Au-delà, il faut aussi que la capitale de mode parvienne à convaincre les designers qu'elle a formés de rester défiler sur son sol, ce qui ne va pas toujours de soi. Si Paris caracole en tête des capitales de mode, c'est Londres, New York et Milan qui possèdent les « meilleures » écoles de mode, selon les classements établis chaque année par les médias et dans lesquels les critères sont la qualité de l'enseignement, le niveau de diplôme (Licence, Master ou Doctorat), la variété des formations proposées (design de la mode, direction artistique et communication de la mode, commerce et management de la mode) mais aussi l'insertion professionnelle des étudiants sortants et le réseau d'*alumni* de l'école. Ici, l'on s'intéressera à l'importance des écoles de Paris, Londres, Milan et

New York, même s'il ne faut pas oublier le rayonnement d'autres écoles telles La Cambre en Belgique, l'Académie Royale d'Anvers, et l'Université de la mode Bunka à Tokyo.

C'est en Angleterre, aux États-Unis et en Italie que l'on trouve les écoles de mode parmi les plus reconnues au monde – si ce n'est les plus reconnues – tant au niveau des formations dispensées que de l'insertion professionnelle des étudiants. C'est véritablement l'accompagnement que leurs écoles mettent en place pour insérer les jeunes créateurs dans le monde professionnel qui constitue le point fort de leur offre – un point fort sur lequel les écoles françaises ont pris du retard. À Londres, on note trois principales institutions. Du London College of Fashion (LCF) est sorti Jimmy Choo. De la Central Saint Martins (CMS) sont sortis Stella McCartney, Phoebe Philo, Riccardo Tisci, John Galliano, Alexander McQueen et Hussein Chalayan. Le Royal College of Art, surnommé « le Harvard de la mode », a vu quant à lui, émerger Christopher Bailey et Zandra Rhodes. À New York, l'on compte deux principales écoles de mode. Du Fashion Institute of Technology sont sortis Calvin Klein et Stephen Burrows. L'école bénéficie aussi de la proximité du Musée du Fashion Institute of Technology et de la possibilité de voir des pièces textiles et de comprendre les dessous de leur fabrication. La New School's Parsons School of Design a quant à elle formé Tom Ford, Donna Karan, Marc Jacobs et Alexander Wang. En Italie, on relève l'importance de l'Institut Marangoni qui a notamment formé Rahul Mishra, Franco Moshino et Domenico Dolce de Dolce & Gabbana.

Pour ces différentes écoles anglaises, américaines et italiennes dont la réputation est faite et dont on dit qu'elles contribuent largement à façonner le paysage de la mode, l'enjeu aujourd'hui ne se situe pas tant dans l'excellence des formations qui leur est déjà acquise, mais dans leur capacité à former des designers qui aient le sens des affaires et non pas seulement des créatifs. C'est pourquoi, ces dernières années, les écoles anglaises, américaines et italiennes, soutenues par des subventions et par leurs syndicats nationaux, ont misé sur un système de tutorat pour les jeunes créateurs dans lequel des professionnels de la mode leur apprennent à se professionnaliser, à développer leur marque et leur stratégie de communication et à trouver des investisseurs. Dans ces trois pays respectifs, les syndicats ont joué un rôle clef dans ces initiatives. Du côté anglais, c'est le cas du NewGen et du BFC/Vogue Designer Fashion Fund notamment que l'on a évoqués précédemment. Du côté américain, le CFDA a mis en place le Geoffrey Beene Design Scholarship Award et le Liz Claiborne Design Scholarship Award. De son côté, la Camera nazionale della moda a créé en 2015 le Milano Moda Graduate, ainsi que le CNMI Green Carpet Talent Competition, qui soutient les designers créant une mode éco-friendly et *made in Italy*.

Au-delà des subventions aux jeunes designers, on note aussi que les écoles anglo-saxonnes ont établi de nombreux partenariats entre écoles de mode et écoles de commerce. En Angleterre, le rapprochement entre la London School of Economics, l'INSEAD, l'Université de Stanford et la Central Saint Martins, a été réalisé afin d'offrir des formations complémentaires en business aux étudiants spécialisés en design de mode, partant du principe que les jeunes talents ne peuvent plus simplement considérer la mode comme un art, comme un acte créatif mais qu'ils doivent aussi la concevoir comme une activité commerciale. Aux États-Unis, le CFDA a de son côté établi des partenariats avec la Stern School of Business au sein de la NYU afin de permettre aux designers de bénéficier de cours axés business : analyse financière, business plan, stratégie commerciale. La question de la formation aux nouvelles technologies demeure un autre point essentiel dans tous ces partenariats proposés. On constate aussi comment les puissances non étatiques – en grande partie les GAFA – infiltrent le secteur de la formation en mode. Google a par exemple mis en place un partenariat avec le BFC pour « booster la stratégie digitale de ces jeunes marques, *via* des séminaires high-tech », conscient de l'importance pour ces jeunes designers d'être présents *on-line* (« British Fashion Council, l'appel de Londres », *Madame Figaro*, 17 février 2014). De son côté, Microsoft s'est associé avec le London College of Fashion en 2018 pour former leurs étudiants aux nouvelles technologies tandis qu'au Royal College of Art, les étudiants peuvent travailler avec des technologies innovantes mises au point par Dassault Systèmes. Structuré, long-termiste, cet accompagnement des jeunes créateurs constitue un véritable atout pour le développement des prochaines générations de créateurs dans les pays anglo-saxons – un atout que la France a du mal à développer même s'il existe le Prix de Mode décerné par le Festival international de mode et de photographie d'Hyères créé par Jean-Pierre Blanc en 1986 et le Prix de l'Andam (l'Association nationale pour le développement des arts de la mode) créé par Nathalie Dufour en 1989 qui participent de la même volonté d'aider de jeunes designers à développer leur marque.

En France, les écoles de mode sont le talon d'Achille de l'industrie de la mode. Actuellement, les étudiants peuvent se tourner vers cinq principales écoles de mode : l'École nationale supérieure des Arts décoratifs (ENSAD), relevant du ministère de la Culture ; ESMOD, qui a formé Thierry Mugler et Olivier Rousteing ; l'École Duperré et l'École de la chambre syndicale de la couture parisienne, intimement liée à la Chambre syndicale, qui a formé André Courrèges, Karl Lagerfeld, Yves Saint Laurent et Valentino, et l'Institut français de la mode (IFM). Anciennes, les écoles de mode françaises se sont laissées dépasser par les institutions anglo-saxonnes devenues plus attractives pour les étudiants du monde entier par leur offre de formations mais aussi leur politique d'insertion professionnelle. Paris a récemment pris conscience que pour conserver son statut de capitale de mode, elle devait améliorer son offre de formations et la rendre à la fois visible et attrayante à l'international. En 2015, la situation était telle que le ministère de la Culture a commandé à Lyne Cohen-Solal un rapport sur la question de la formation en mode et de la professionnalisation en France. Dans cet état des lieux, Cohen-Solal relève qu'il existe « un appareil de formation incomplet et très déséquilibré, de rares parcours publics, des établissements aux statuts désuets, non connectés au LMD (Licence, Master, Doctorat), non reconnus par l'Université, et aucune chaire de recherches en Mode » (« Avec intelligence et talent au bout des doigts : la mode, industrie de créativité et moteur de croissance », février-octobre 2015). Quant aux écoles privées, elles sont nombreuses mais dotées de structures hétérogènes, dénuées de réseau, et proposant des cursus sur 3 ou 4 ans sans diplomation internationalement reconnue (p. 11). Cohen-Solal souligne aussi le manque de soutien des institutions privées ou publiques aux jeunes designers sortant des écoles : « Il n'existe pas, en France, de modèle unique d'incubateurs ou de pépinières pour soutenir les entreprises de mode à leur création » (p. 17). Les graines semées par ce rapport font germer plusieurs initiatives pédagogiques et professionnelles. En 2019, l'École de la chambre syndicale de la couture parisienne fusionne avec l'Institut français de la mode (IFM), créé en 1986 sous l'égide du ministère de l'Industrie. L'idée est de rapprocher l'IFM, connue principalement pour ses formations en business, communication et marketing avec l'ECSCP, plus ancrée dans les formations techniques. Porté par trois acteurs de luxe – Hermès, LVMH, Chanel –, l'objectif n'est pas caché : il s'agit de créer une école de référence mondiale reposant sur la création, le management et le savoir-faire afin d'être « l'École de mode de Paris » comme « on dit l'École de Paris en matière de peinture », confie Ralph Toledano en 2016 (« Anne Hidalgo et Ralph Toledano : "La mode à Paris, c'est la Silicon Valley de la France" », *Madame Figaro*, 4 septembre 2016). Son ambition est ainsi intimement liée au rayonnement de la mode française dans le monde et à la volonté de « concurrencer » les écoles de mode anglaises et américaines. Lors de la signature de la fusion entre l'IFM et l'ECSCP, le 8 janvier 2019, en présence de Bruno Le Maire, ministre de l'Économie et des Finances et Franck Riester, ministre de la Culture, Le Maire explique : « Demain quand on demandera partout à travers la planète quelle est la plus grande école de mode et de création au monde, on répondra spontanément : c'est à Paris et c'est l'Institut français de la mode ! » Au-delà des écoles, ce sont des programmes qui sont mis en place par la FHCM et le Comité de développement et de promotion de l'habillement (DEFI) pour soutenir les jeunes designers : après la création en 2012 de Designers Apartment, la FHCM crée le showroom

SPHERE Paris Fashion Week en janvier 2020 pour promouvoir les designers émergents ainsi que New Now, une interface numérique qui donne une visibilité accrue à de nouveaux talents. La FHCM a également mis en place la Conférence des grandes écoles de mode afin de « réunir les plus importantes Écoles de mode françaises, que ce soit dans les domaines du management, de la création, ou de la technologie, des savoir-faire. Elle vise excellence et rayonnement international. » L'harmonisation des diplômes afin de « viser une meilleure reconnaissance des diplômes à l'étranger » ainsi que le lobbying international afin d'attirer des étudiants étrangers figurent parmi les points essentiels visés par cette conférence. Par ailleurs, la mise sur pied du programme Jeunes Entreprises permet aux jeunes marques d'accéder aux salons commerciaux français (Première Classe, Who's Next…) et étrangers (Mode in France Tokyo, CPM Moscou, Kiev Fashion…), mais aussi aux showrooms et aux plateformes numériques de la mode pour qu'elles puissent se faire connaître des acheteurs. Ce sont aussi les grands groupes de luxe qui, conscients du rôle qu'ils ont à jouer dans le soutien aux créateurs de demain, ont créé des prix : en 2014, LVMH a par exemple créé le Prix LVMH doté de 300 000 euros pour les jeunes créateurs de mode.

Si la capacité à former les designers de demain est un réel atout, les capitales de mode sont aussi jugées sur leur aptitude à valoriser leur histoire et leur patrimoine de mode, véritables signes de rayonnement culturel.

BRILLER INTERNATIONALEMENT *VIA* LA MISE EN CULTURE DE LA MODE

Le patrimoine de mode est devenu aujourd'hui l'enjeu d'une rivalité d'ordre culturel entre les capitales de mode pour exister commercialement et culturellement sur la scène internationale. Ce sont d'abord les institutions muséales publiques qui se sont intéressées à la mode dans une volonté de conservation du patrimoine national. Dès la fin du XIXe siècle, le vêtement entre au musée en Europe au sein des collections textiles. C'est ensuite au XXe siècle que la mode, qui se développe comme industrie culturelle (Adorno, 1947 ; Voirol, 2011), prend toute sa place au sein du panorama muséal à travers la mise en place de musées proprement de mode (Petrov, 2019 ; Marchetti, 2015 ; Bruzzi *et al.*, 2017). Depuis la fin du XXe siècle, la valorisation du patrimoine de mode a été prise en charge par une multitude d'acteurs tant au niveau municipal, national qu'international. Plus récemment, ce sont les marques elles-mêmes qui se sont mises à valoriser leur histoire et leur patrimoine (Anderson, 2000 ; Steele, 2007). Leur objectif est double : d'une part, légitimer leur activité souvent réduite à l'idée d'industrie ou de business, d'autre part, renforcer leur image et se différencier les unes des autres. Cette finalité est essentielle pour elles car dans un monde de plus en plus globalisé et à l'heure où des maisons de couture centenaires sont dirigées par des directeurs artistiques de toutes les nationalités et où les groupes de luxe détiennent des maisons à la fois françaises, italiennes, anglaises et américaines, il est de plus en plus difficile pour les marques de mode d'affirmer leur américanité, leur italianité, leur francité... et de se démarquer. Valoriser leur histoire s'avère une stratégie utile pour elles. Après tout, n'est-ce pas la personnalité et l'histoire des créateurs mêmes des marques, Christian Dior et Ralph Lauren par exemple, qui font que les maisons Dior et Ralph Lauren sont perçues comme typiquement française et américaine ? Les archives des maisons peuvent être rapprochées de ce que Pierre Nora appelle des « lieux de mémoire » (Gilbert, 2006, p. 29 ; Nora, 1989), constituant des remparts contre l'oubli, des lieux de célébration des savoir-faire et de la créativité nationale, et même de réécriture – de sublimation – de l'Histoire. Sans surprise, ce sont les capitales de mode les plus rayonnantes qui possèdent les infrastructures les plus avancées pour promouvoir leur héritage.

En France, la prise en compte de la mode au sein du musée se réalise dans le contexte de rivalité avec l'Angleterre. Le Victoria & Albert Museum, créé en 1852, à Londres, ouvre une galerie dédiée au textile en 1913 qui s'enrichit de vêtements en 1978. En réaction, une association, l'Union centrale des arts décoratifs (UCAD), est créée en France en 1882 pour promouvoir « le beau dans l'utile ». Elle donne naissance au Musée des arts décoratifs (MAD) en 1905 qui détient une importante collection textile. Au début des années 1980, le MAD se rapproche de l'Union française des arts du costume (UFAC), créée sous l'égide de François Boucher en 1948 et dirigée par Yvonne Deslandres, disposant d'une importante collection de vêtements. Scellant une alliance, ils forment en 1986 le musée des Arts de la mode, rebaptisé le musée de la mode et du textile en 1997. Aujourd'hui, le musée détient plus de 16 000 costumes, 35 000 accessoires, 30 000 pièces textiles du XIVe siècle à nos jours. Parallèlement, dès les années 1920, la ville de Paris entend créer un musée du costume en s'appuyant sur la collection de 2 000 pièces constituée par Maurice Leloir en 1907 sous le nom de la Société de l'histoire du costume (puis classée par Madeleine Delpierre à partir de 1943), et exposée un temps au Musée Carnavalet et au Musée d'art moderne. Le palais Galliera est choisi pour héberger ce musée de la mode et du costume en 1977. De l'autre côté de l'Atlantique, le Metropolitan Museum of Art (MET), créé en 1870, à New York, expose de la mode dès 1932 même si ses collections sont alors composées majoritairement de costumes de spectacle. En 1946, le Museum of Costume Art, créé en 1937 et possédant des costumes de spectacle, est intégré au sein du MET devenant le Costume Institute avant d'acquérir en 2009 les collections du Musée de Brooklyn. Le Musée du Fashion Institute of Technology, fondé en 1967 à New York, conserve quant à lui l'une des plus riches collections de mode et de textile. Londres, plus récemment, s'est doté en 2003 d'un Fashion and Textile Museum dédié à la mode et au textile des années 1950 à nos jours et construit à partir de la collection de Zandra Rhodes.

L'ouverture de musées de mode a permis à l'exposition de mode d'émerger comme un genre à part entière, sous différentes formes – monographie d'un couturier, abécédaire d'une époque, étude d'une thématique en particulier

– et de s'imposer comme un phénomène culturel (Taylor, 2004 ; Petrov, 2019). Il s'agit dès lors pour chaque capitale de mode de considérer la mode comme un objet d'exposition légitime à l'instar de la peinture ou de la sculpture – un débat loin d'être encore tranché aujourd'hui en raison d'une hiérarchie toujours prégnante entre arts majeurs et arts mineurs – et de se démarquer par la valorisation de son patrimoine et son histoire. La première impulsion vient des États-Unis où, en 1983, est organisée, sous l'influence de Diana Vreeland, ancienne directrice de *Vogue* et de *Harper's Bazaar*, une exposition dédiée à un couturier alors encore vivant, « Yves Saint Laurent : 25 ans de design ». Parmi les expositions de mode qui suivent, on note la prédominance des initiatives anglaises au Victoria and Albert Museum (V&A), américaines au MET et françaises au palais Galliera et au MAD. Monographiques et dédiées à un couturier célèbre, que cela soit Chanel ou Alexander McQueen, thématiques, s'intéressant à la question de la religion ou de la nature dans la mode, ou encore chronologiques célébrant les années folles ou les années 1950, les expositions de ces institutions ont permis l'éclosion de commissaires d'exposition célèbres, d'Yvonne Deslandres à Andrew Bolton, en passant par Harold Koda, Florence Müller, Olivier Saillard et Judith Clark dont la médiatisation participe fortement au rayonnement culturel des capitales de mode.

Au cours des années, les expositions de mode, qui contribuent à démocratiser la mode défilant sur les podiums, deviennent un élément important du rayonnement des pays où elles ont lieu, chacun essayant de dépasser l'autre par des sujets d'exposition originaux, la présentation de pièces séculaires et inédites trouvées lors de ventes aux enchères ou auprès de collectionneurs privés.

Que l'exposition ait lieu dans un cadre extraordinaire, bénéficiant des outils technologiques les plus aboutis (hologramme, robotique…), qu'elle soit confiée à un directeur artistique ou à un créateur qui dirige alors au même moment une maison de couture – on pense à Dries Van Noten au MAD en 2014 et à l'exposition consacrée à Jeanne Lanvin réalisée par Alber Elbaz, directeur artistique de la maison en 2015 – l'exposition de mode contribue à l'importance culturelle, patrimoniale des capitales de mode. Rien de surprenant d'ailleurs à apprendre que dans le cadre de la Fashion Week parisienne, un partenariat a été élaboré avec les musées de mode afin de faciliter la visite des expositions de mode aux acheteurs et journalistes.

Au XXIe siècle, les expositions de mode n'ont cessé de se multiplier, traduisant la place de plus en plus importante que les institutions publiques accordent à la mode dans leur stratégie culturelle et économique. La principale raison à cet engouement ? Le fait que la mode soit devenue une garantie d'une exposition à succès. Pouvant s'adresser à un large public, féminin comme masculin, aux particuliers comme aux scolaires, permettant la vente de nombreux produits dérivés (mug, tote bag, t-shirt…), l'exposition de mode est devenue une manne économique. Olivier Saillard, ancien directeur du palais Galliera, explique le succès des expositions de mode par la proximité qu'il existe entre le visiteur et ce qu'il voit : « Pousser les portes d'une exposition d'art contemporain est souvent intimidant : face à un bout de bois posé au sol, le grand public peut rester dans l'incompréhension. Quant à la mode, on la porte tous les jours, on la voit dans les magazines. C'est une culture qui s'acquiert spontanément » (*Le Figaro*, 2013). La mode, en effet, touche « tout le monde ». Tous les matins, tout le monde s'habille et « choisit » ses vêtements. La mode revêt aussi chez les plus jeunes générations, mais aussi les artistes, une importance particulière. Elle est un moyen d'exprimer son identité et ses idées.

Pour persévérer dans la voie du succès, l'exposition de mode est devenue de plus en plus spectaculaire au cours des dernières années au point que l'on parle de « *blockbuster exhibitions* » : des présentations de pièces de mode luxueuses, le plus souvent, mises en scène d'une manière de plus en plus extraordinaire par des scénographes et des artistes. Mise en musique, en ambiance, en scène, la mode se fait spectacle, expérience faisant appel aux sens des visiteurs. Les résultats sont à la hauteur de l'argent investi dans de tels shows : 1 154 552 visiteurs pour la rétrospective « Savage Beauty » dédiée au couturier McQueen en 2011 et présentée à Londres au V&A et au MET à New York ; plus de 700 000 visiteurs pour « Christian Dior, couturier du rêve », déployée à Paris sur plus de 3 000 mètres carrés. L'exposition de mode assure à chaque pays hôte un fort pouvoir attractif, attirant nombre de touristes. Par ailleurs, pour toucher ceux qui ne peuvent pas se déplacer, les expositions de mode, à l'instar des autres expositions, ont pris l'habitude de voyager à travers le monde pour amplifier encore le rayonnement culturel et patrimonial d'un pays. C'est le cas de « La planète mode de Jean Paul Gaultier » qui a été présentée dans douze pays pendant cinq ans ; de « Dior, couturier du rêve » également. Afin d'accroître davantage encore la portée culturelle et symbolique des capitales de mode, leurs expositions sont aussi de plus en plus numérisées, et donc rendues accessibles au plus grand nombre. Google Cultural Institute, le leader en la matière, a noué plusieurs partenariats avec des musées internationaux pour présenter en ligne des expositions ainsi que des pièces iconiques de leurs collections sous un titre prometteur *We Wear Culture*. Google a misé sur les technologies de pointe telles que le Street View, la prise de vue par Art Camera pour obtenir des images de très haute définition afin de sublimer le patrimoine de la mode.

Outil indéniable de *soft power*, l'exposition de mode est devenue un baromètre de l'ouverture culturelle, patrimoniale et de l'avant-garde technologique et ingénierique des capitales de mode, et il semble que leurs musées, comme leur industrie de la mode, gagnent à réaliser de telles expositions. Pour les premiers, ces expositions leur apportent une visibilité mondiale – et cela encore davantage aujourd'hui avec les réseaux sociaux. Pour la seconde, être adoubée par un musée séculaire, reste pour la mode un moyen d'effacer le côté superficiel qu'on lui donne encore souvent. Olivier Gabet, le directeur du MAD, explique d'ailleurs que la mode est au musée car ce dernier est le dernier grand symbole identitaire des pays occidentaux : « un symbole si fort qu'en y entrant, la mode y accède également » (« La mode mise sur le musée », *Libération*, 17 avril 2015). En effet, que ça soit au Grand Palais (avec l'exposition Jean Paul Gaultier en 2015), au Petit Palais (avec l'exposition Yves Saint Laurent en 2010), au Musée d'Orsay (avec « Les Impressionnistes et la mode », en 2012), au MET ou au V&A, ces institutions sont mondialement connues et donnent à la mode une résonance nouvelle, une légitimité unique. Cependant, si les expositions sont devenues des outils de *soft power*, elles restent encore très « consensuelles », véhiculant une certaine « image » de la mode. En effet, quand elles ne sont pas le fruit de stratégies publicitaires des marques, elles sont des célébrations de couturiers vedettes et de modes luxueuses portées par la classe aisée. Peu d'expositions osent faire un pas de côté et proposer des sujets moins attendus, dépassant la simple idée de la mode comme une tendance. Par ailleurs, ces expositions restent aussi majoritairement centrées sur les créations de l'Occident même si des institutions non spécialisées en mode font exception. C'est le cas du Musée Guimet par exemple, qui a proposé à Paris des expositions sur le kimono en 2017 et sur la créatrice coréenne, Lee Young-hee en 2019.

Depuis quinze ans, parallèlement aux initiatives des musées, la mode est mise en culture par les marques de luxe qui n'ont cessé de développer leur offre. L'évolution a été progressive. D'abord, les maisons ont créé des services d'archives en interne : les maisons Yves Saint Laurent, Lanvin, Chanel, Dior ont investi d'importants budgets dans l'achat d'espace et de matériel pour classer leur patrimoine. En enrichissant leur collection et en les conservant dans les meilleures conditions possibles, les marques ont pu prêter des pièces à des musées internationaux tout en pourvoyant en interne leur directeur artistique en idées pour ses créations contemporaines. Elles ont aussi pu s'appuyer sur leurs archives inventoriées pour créer des outils marketing à la croisée de la communication et de la culture, tels que leurs propres expositions internes et publications destinées à leurs équipes. La deuxième étape a été pour les marques de réaliser des expositions monographiques dans des musées mondialement connus et très touristiques : Yves Saint Laurent, après avoir été exposé au MET, a été l'objet d'une exposition au Petit Palais en 2010 (250 000 visiteurs). De même, Louis Vuitton s'est dévoilée dans plusieurs expositions dont « Louis Vuitton-Marc Jacobs » au MAD (200 000 visiteurs) en 2012 qui jouait sur l'idée de filiation entre le fondateur de la marque et le directeur artistique de l'époque. En 2015, « Volez, Voguez, voyagez » (200 000 visiteurs) scénarisée par Robert Carsen reconstituait une plage, un bateau et même un train mobile au sein du Grand Palais. Cette exposition a ensuite voyagé à Tokyo en 2016, à Séoul et à New York en 2017 puis à Shanghai en 2018. De son côté, la maison Lanvin a réalisé sa première rétrospective, « Jeanne Lanvin », au sein du palais Galliera en 2015. Dior a, quant à elle, investi le MAD en 2017 avec une vaste exposition « Dior, couturier du rêve », reposant sur pléthore d'archives et financée par la maison elle-même, qui a ensuite voyagé aux États-Unis, en Angleterre et en Chine. Chanel a été l'objet de l'exposition « N°5 Culture Chanel » au Palais de Tokyo en 2013. Depuis 2007, la maison a également créé sa propre collection d'expositions itinérantes intitulée Culture Chanel racontant l'histoire de Gabrielle Chanel et de la maison. Ces différentes expositions se sont déclinées majoritairement en Europe de l'Est et en Asie, – là où Chanel trouve la plupart de ses clients – à Moscou en 2007, à Shanghai et à Pékin en 2011 ; à Canton en 2013 ; à Séoul en 2014. En 2016, Culture Chanel investit la Ca'Pesaro, Galerie internationale d'Art Moderne de Venise avec une exposition intitulée « La Femme qui lit ». La troisième étape a été franchie quand les marques ont créé leurs propres musées privés, et, au-delà, quand les groupes de luxe ont ouvert leur fondation. Cela marque la volonté des maisons d'inscrire leur histoire dans un lieu physique permanent : un lieu à la fois de visites touristiques mais aussi un lieu de vie, doté d'une librairie, et souvent d'un café. Disposer d'un lieu à soi dans une des capitales du monde contribue à asseoir la réputation d'une marque et à l'inscrire durablement dans la géographie de la ville – souvent le musée ou la fondation est indiqué par des panneaux signalétiques à l'extérieur, dans les rues et à la sortie du métro pour guider les touristes, et devient ce faisant un « morceau » de la ville. Après l'ouverture d'une Fondation, la maison Saint Laurent a ouvert son Musée en 2017 pour valoriser les archives qu'Yves Saint Laurent lui-même s'était mis à constituer dès le milieu des années 1960. De son côté, Louis Vuitton a ouvert une Galerie d'exposition à Asnières, là-même où ont été, et sont encore, réalisées les malles tandis que l'héritage du couturier Azzedine Alaïa forme quant à lui le cœur de sa fondation éponyme. Gucci de son côté a inauguré son Gucci Garden au sein du Palazzo della Mercanzia à Florence en 2018. Supervisé par Maria Luisa Frisa, il associe salles d'exposition, boutique et restaurant. On note aussi le Musée Salvatore Ferragamo, inauguré en 1995 au sein du Palazzo Spini Feroni à Florence, mais aussi la Fondazione Micol Fontana qui, depuis 1994, conserve les créations des sœurs Fontana. La volonté des marques de mode de trouver dans leur rapprochement avec le monde de l'art une caution intellectuelle et artistique s'inscrit dans le droit fil de l'ouverture de fondations d'art contemporain par les groupes de luxe telles que la Fondation agnès b., la Fondation Louis Vuitton, la Fondation Prada et la Fondation Pinault.

Plus généralement, ces dernières années, on constate un plus fort investissement des marques et groupes de luxe dans la culture. Le 11 avril 2017, Louis Vuitton organise un dîner au sein du Musée du Louvre, dans la salle même où trône La Joconde, pour lancer la ligne de sacs « Masters pour Louis Vuitton » imaginée par l'artiste plasticien Jeff Koons et qui reproduisait des peintures célèbres de Rembrandt, Van Gogh, ou encore Rubens – la signature de chaque peintre, en lettres dorées, prenant la forme d'un logo appliqué sur le sac. Quelle meilleure, et peut-être plus controversée, union que celle-ci alliant le monde de l'art contemporain, du luxe et du musée ? « Le Louvre et Vuitton font rayonner à travers le monde la culture et le savoir-faire français. Ils sont, chacun à leur place, les ambassadeurs d'une histoire, d'une tradition et d'une capacité d'ouverture sur le monde » explique la marque au *Monde* (« Les musées multiplient les partenariats avec les maisons de luxe », *Le Monde*, 25 mai 2017). À y regarder de plus près, on note que ces liens ténus entre mode, art et musée prennent différentes formes : on remarque par exemple que souvent les événements culturels organisés en collaboration entre une marque et un musée sont la « couverture » d'une transaction financière de l'une vers l'autre. En 2000, par exemple, le directeur du Guggenheim à New York organise une exposition sur la marque Armani après que celle-ci a donné 15 millions de dollars au musée. De même, l'exposition Louis Vuitton au Grand Palais, « Volez, Voguez, Voyagez », intervient après que LVMH a mécéné le Grand Palais. En 2015, autre initiative intriquant architecture, mode et musée : l'architecte Renzo Piano crée un sac pour Max Mara à l'occasion de l'inauguration du bâtiment qu'il a conçu pour la réouverture du Whitney Museum à New York. Plus récemment, en janvier 2018, après une première collaboration avec Uniqlo, le MoMA de New York s'associe à Nike à l'occasion de l'exposition « Is Fashion Modern? » Loin d'être nouveaux, ces rapprochements entre la culture et la mode, l'art et l'industrie, posent néanmoins la question de la commercialisation et de la financiarisation du patrimoine qui dans la mode est de plus en plus courante.

VERS DE NOUVEAUX ENJEUX GÉOPOLITIQUES DANS LA MODE À L'HEURE DU GLOBAL

Depuis la fin du XIXe siècle, comme nous l'avons vu, les pôles d'attraction et de compétitivité de la mode se répartissent entre Paris, Londres, Milan et New York. Tout au long des XXe et XXIe siècles, chacune de ces villes a fait de la mode l'un de ses points d'ancrage et de rayonnement international. Il en va des « Big Four » entre lesquelles les Fashion Weeks s'enchaînent comme les Oscars américains succèdent aux Césars français qui eux-mêmes suivent les BAFTA anglais. Comme l'explique le chercheur David Gilbert (2006), la mode a joué – et continue de jouer – un rôle essentiel dans la spatialisation du monde, en divisant, répartissant, étiquetant et triant ce dernier selon une hiérarchie de lieux plus ou moins importants (Agnew, 1998 ; Crewe, 2017). L'idée a d'ailleurs longtemps prévalu que la mode se divisait entre les capitales latines de la couture sur-mesure et les capitales anglo-saxonnes du prêt-à-porter. Si cette répartition reste tangible aujourd'hui, elle doit aussi composer, depuis dix ans, avec une nouvelle organisation de l'industrie de la mode, une nouvelle géographie des centres de mode et même une nouvelle clientèle remettant en cause l'ordre établi depuis la fin du XIXe siècle. En effet, au XXIe siècle, les industries de la mode parisienne, londonienne, new-yorkaise et milanaise sont confrontées à trois « concurrences » majeures : l'essor de nouvelles villes créatives, la mondialisation de l'industrie de luxe impliquant l'ouverture de nouveaux marchés auxquels il faut s'adapter, et l'apparition de nouveaux modes de production, de marketing et de vente incarnés par la *fast fashion* avec qui elles doivent cohabiter (Gilbert, 2006, p. 31). En d'autres termes, les capitales de mode sont face à l'émergence d'un nouveau système de la mode.

LES PÔLES DE MODE AU-DELÀ DES « QUATRE GRANDS » : LA REMISE EN CAUSE D'UN ORDRE ÉTABLI ?

« Il y a toujours une Fashion Week quelque part dans le monde ». Ce titre du *New York Times* du 7 mars 2017 reflète bien la multiplication des villes de mode ces dix dernières années, chacune d'entre elles proposant une Semaine de la mode. Alors même que Paris, Londres, Milan et New York questionnent depuis quelques années le fonctionnement de leur industrie et l'impact de leurs semaines de la mode, ces dernières éclosent un peu partout dans le monde. Selon le *New York Times*, si ces semaines plus modestes ont des niveaux de succès très variables, elles sont le signe que des pays traditionnellement perçus comme périphériques aux « Big Four » essaient d'aller au-delà de leur rôle traditionnel de producteurs textiles, d'assembleurs ou de consommateurs, en participant au processus même de création de la mode tout en tentant également de s'engager dans des échanges internationaux – les Semaines de la mode étant des tremplins pour y parvenir. Être reconnu centre de mode constitue un signe d'appartenance au groupe des pays riches et développés, une « image de marque » même, censée attirer les touristes, les journalistes et les acheteurs, voire les marques de luxe. Comme l'explique David Gilbert (2006, p. 4), la mode est perçue et utilisée comme un symbole pour affirmer une certaine modernité urbaine et un statut mondial.

Lors de son exposition « Global Fashion Capitals » au Fashion Institute of Technology, à New York, en 2015, l'historienne de la mode Valerie Steele explore l'émergence de seize capitales de mode autres que les quatre principales : Séoul, Lagos, Tokyo, Sao Paulo, Johannesbourg, Kiev, Shanghai, Copenhague, Madrid, Mexico City, Stockholm, Berlin, Saint-Petersbourg/Moscou, Sydney/Melbourne, Istanbul et Mumbai. Cette liste est loin d'être complète et ne cesse de s'allonger chaque année. On pourrait lui ajouter Tel-Aviv, Dakar, Lahore, New Delhi, Los Angeles et Almaty qui ont toutes mis sur place des défilés de mode ces dernières années. Pour le designer Abzal Issa Bekov, natif d'Almaty au Kazakhstan et formé au sein de l'école britannique Central Saint Martins, l'organisation d'une semaine de la mode en 2016 en présence d'acheteurs et de journalistes étrangers a constitué un vrai signe de réussite pour son pays évoluant alors dans l'ère post-soviétique. La plupart du temps, les industries de la mode de ces nouvelles villes de mode sont soutenues par le gouvernement national qui y voit un moyen d'acquérir une visibilité nouvelle *via* la valorisation de ses savoir-faire locaux, de revendiquer une identité et une singularité dans l'industrie de la mode et de se démarquer *de facto* des autres centres de mode. C'est le cas notamment au Brésil où depuis 1996 la mode et la Sao Paulo Fashion Week sont perçues comme des voies vers le développement social et économique du pays. En 2008, le Brésil a fait un pas supplémentaire en direction de la mode : il a reconnu par le biais d'une loi la mode comme une forme de l'identité culturelle brésilienne et l'a intégrée au sein des programmes du gouvernement. Sans ambition de concurrencer les « Big Four », les designers brésiliens veulent aujourd'hui avant tout développer leur mode nationale. Le cas de Copenhague est différent. Depuis dix ans, la capitale danoise développe son offre vestimentaire poursuivant l'objectif de faire de Copenhague la cinquième capitale de mode du monde. Le Danish Fashion Institute est créé en 2005, l'année où la mode devient la quatrième industrie la plus exportatrice du pays (« Letter From Copenhagen: A Fashion Capital Waitin », *WWD*, 5 juin 2008). Depuis, la Fashion Week de Copenhague ne cesse de se développer grâce au succès de certaines marques telles que Samsøe Samsøe (1993), Ganni (2000), Malene Birger (2003), Stine Goya (2006), Rotate (2018), Cecilie Bahnsen (2005), finaliste du prix LVMH en 2017 et de l'Andam en 2018. Fonctionnel et féminin, minimaliste, monochrome et oversize, le style danois n'est pas le seul responsable du rayonnement grandissant de la Fashion Week de Copenhague. La forte présence numérique des marques mais aussi, et surtout, leur implication pour une mode éthique et écoresponsable ont permis à Copenhague de s'affirmer certes comme une capitale du style mais aussi d'une certaine manière comme la capitale de la mode de demain repensant ses modes de production et de consommation. Le 28 janvier 2020, Copenhague a dévoilé son plan pour le développement durable 2020-2022 qui place au cœur de ses objectifs la réinvention de la Fashion Week danoise *via* la réduction de l'impact social et environnemental de la mode. On remarque aussi dans d'autres pays que de plus en plus de « petites villes », autres que la capitale du pays en question, se positionnent sur l'échiquier de la mode. C'est le cas par exemple de Portland, Phoenix et Chattanooga aux États-Unis qui organisent leurs propres événements loin de la Fashion Week de leur capitale de mode, New York. Selon *Le Monde*, ces villes suivent les objectifs suivants : « la promotion de créations respectueuses de l'environnement, l'attrait d'investisseurs ou encore la possibilité de faire défiler des mannequins originaires de la région » (« La Fashion Week en trois questions... », *Le Monde*, 9 octobre 2012).

Ces exemples sont révélateurs d'une décentralisation des pôles d'attraction de la mode même si Paris, Milan, New York et Londres parviennent encore à conserver leur titre de capitales de mode en raison de leur histoire et de l'organisation de leur industrie. Au-delà, ces exemples révèlent plus généralement l'importance de décentraliser, dé-hiérarchiser le regard et de désoccidentaliser ce que l'on pensait être une spécificité de l'Occident (Boucheron, 2013 ; Gaugele et Titton, 2020). Cela est vrai pour la mode mais aussi pour l'art, le cinéma, la littérature bien évidemment. Sans même aller jusqu'à remonter à la route de la soie sous l'Antiquité pour montrer que la mode n'est pas seulement un phénomène occidental, il est important de souligner que l'émergence des quatre capitales européennes et américaines au début du XXe siècle doit beaucoup aux échanges de produits, de matières premières, de techniques et aux flux migratoires des pays d'Asie, d'Afrique et d'Amérique du Sud vers l'Europe de l'Ouest et l'Amérique du Nord. En d'autres termes, que les modes parisienne, américaine, anglaise et italienne ont pu se développer grâce aux savoir-faire, matières premières et produits étrangers (Green, 1998 ; Kurkdjian, 2020a). Au-delà de cette remise en perspective, il est par ailleurs judicieux de faire un pas de côté et d'observer comment les pays considérés comme périphériques aux centres de mode s'inscrivent depuis plusieurs années dans une logique de création de vêtements et de modes, influencés sans doute par la mode dictée par les quatre capitales de mode, mais aussi et surtout par leurs savoir-faire locaux et leur patrimoine national.

Résultat d'une forme d'impérialisme culturel, la hiérarchie établie entre les centres Paris, Milan, Londres, New York et le reste du monde doit être repensée dans le cadre politique, historique et culturel post-impérialiste et post-colonialiste (Gilbert, 2006, p. 14). Réévaluer la hiérarchie des centres de mode exige une démarche de l'esprit faisant table rase de beaucoup d'idées et représentations que l'on pensait justes, les fameux « paysages » (« *mediascape* » et « *ideoscape* ») que décrit l'anthropologue Arjun Appadurai (1990). L'exemple du Japon est révélateur du poids des représentations mentales qui pèsent sur la mode, conduisant à surévaluer des centres de mode au détriment d'autres. La sociologue Yuniya Kawamura qui étudie l'émergence de Tokyo comme centre de mode dans les années 1970 et 1980 explique par exemple comment la capitale japonaise est longtemps restée, à la fois pour les designers et les consommateurs, une sous-capitale de mode (Breward et Gilbert, 2006). La principale raison tenant à la prépondérance de Paris comme unique capitale de mode dans l'imaginaire collectif japonais ; en d'autres mots à la difficulté de changer les paysages mentaux des clients, journalistes et acheteurs étrangers mais aussi japonais pour qui la mode c'était Paris, et Paris c'était la mode. Ce complexe d'infériorité se retrouve chez les designers japonais mêmes, pour qui la mode est un concept occidental (Kawamura, 2006, p. 56). Selon Kawamura, l'émergence de Tokyo comme centre de créativité dans les années 1970 se réalise d'une manière détournée : par l'intermédiaire de designers japonais défilant à Paris et dont la presse souligne les créations « exotiques » et « rafraîchissantes », tels que Kenzo Takada. Paris reste encore le lieu où défiler pour acquérir une reconnaissance professionnelle et être adoubé, tandis que les créateurs japonais continuent d'être célébrés pour leurs collections décrites comme « exotiques », c'est-à-dire étrangères, insolites voire saugrenues par rapport à l'idée que l'on se fait de la mode selon les canons occidentaux. Les choses évoluent quelque peu ensuite lorsque dans les années 1980, les trois designers japonais avant-gardistes Issey Miyake, Yohji Yamamoto et Rei Kawakubo contribuent à réinventer la nature et l'esthétique de la mode occidentale, sous l'effet de jeux de drapés issus du kimono. La mode occidentale intègre alors des éléments de mode qui lui étaient étrangers, et le Japon, qui est en plein essor économique, rehausse son prestige sur la scène de la mode. Cependant, l'esthétique japonaise est à nouveau mise en lumière à travers les Fashion Weeks européennes, et notamment françaises, grâce à des couturiers japonais défilant à Paris, empêchant Tokyo, qui n'a pas les structures commerciales, juridiques et syndicales de Paris, Milan ou de Londres, ni leur calendrier, de devenir une capitale de mode sur la scène internationale. Tokyo parvient seulement à devenir une capitale de mode sur la scène asiatique, attirant acheteurs coréens et chinois. L'anthropologue Hudita Nura Mustafa montre qu'un même phénomène s'observe à Dakar, appelée souvent « le Paris de l'Afrique », renforçant la situation de subordonnée, de sous-espace sénégalais face au « super » espace français (Breward et Gilbert, 2006, p. 178).

L'importance reconnue aux autres pays de mode et à leur savoir-faire est relativement nouvelle pour Paris,

Milan, Londres et New York mais elle prend forme. Elle se réalise dans un contexte de mondialisation accrue et où les accusations « d'appropriations culturelles » à l'encontre des grandes marques de luxe se sont multipliées depuis le début des années 2010. Si « faire du soi avec de l'autre » est, selon l'anthropologue Monique Jeudy-Ballini, commun à toutes les sociétés, et si toutes les identités sont hybrides, traversées d'influences diverses (Derlon et Jeudy-Ballini, 2015 ; Lévi-Strauss, 1977), l'appropriation culturelle dépasse cette idée de bricolage humain. Désignant l'utilisation d'éléments d'une culture par des individus issus d'une autre culture, ne relevant pas d'échanges ou de dialogues mais s'inscrivant dans un contexte de domination, l'appropriation culturelle se réalise quand un dominant s'approprie des savoirs et des savoir-faire d'un pays dominé sans faire appel à ses acteurs locaux. Dans ce contexte, l'élément emprunté ne rapporte rien au pays d'où il est issu mais rapporte de l'argent aux pays emprunteurs. La mode, en raison de son aspect très visuel et médiatique, est l'un des domaines où l'appropriation culturelle a fait l'objet de polémiques non pas tant car les créateurs occidentaux utilisaient des techniques ou textiles africains ou orientaux, mais parce qu'ils ne les sourçaient pas, ni ne les remettaient dans leur contexte et leur symbolique d'origine. En d'autres termes, quand l'appropriation culturelle devenait une exploitation culturelle, réalisée au détriment d'une population. Le phénomène n'est pas nouveau. Au début du XXe siècle, Paul Poiret s'illustre pour ses créations orientalistes tandis qu'en 1967 Yves Saint Laurent présente sa collection *Bambara* « rendant hommage » à l'art Bambara, nom d'une des ethnies les plus importantes au Mali. Saint Laurent ne fait pas appel à des artisans maliens pour réaliser ses créations, pourtant ces dernières sont saluées et perçues comme une déclaration d'amour à la culture africaine (« C'est quoi l'appropriation culturelle », *Le Figaro*, 1er mai 2019). Aujourd'hui, l'accusation d'appropriation culturelle a pris de l'ampleur car la parole s'est davantage libérée avec l'émergence des réseaux sociaux : en 2012, le port d'une coiffe amérindienne lors du défilé Victoria's Secret ; en 2017 les dreadlocks des mannequins de Marc Jacobs, en 2018, l'utilisation du wax et du kaba camerounais pour réaliser des manteaux par Stella McCartney ; en 2019, les turbans Sikhs Gucci vendus 790 euros et vidés de leur dimension religieuse.

Parallèlement, ce sont les accusations de racisme et de « blackface » qui se sont multipliées dans l'industrie du luxe à l'encontre de certaines marques. En 2018, Prada met en vente différents produits (t-shirt, colliers…) à l'effigie de la figurine d'Otto, une créature « imaginaire » selon la marque, mais dont le visage noir a les yeux écarquillés et les lèvres épaisses rouges, évoquant des caricatures racistes de « blackface ». Gucci toujours est au cœur d'une polémique similaire en 2019 quand la marque commercialise des pull passe-montagnes pourvu d'une ouverture au niveau de la bouche maquillée de rouge imitant encore les caricatures racistes et stéréotypes de l'époque coloniale.

Pour répondre à ces accusations de « blackface » et d'appropriation culturelle, les marques se sont récemment mobilisées en s'entourant d'experts qui leur servent de caution intellectuelle. Pour elles, il s'agit de communiquer d'une manière claire sur les questions de genre, de diversité, d'inclusion et d'écologie et de proposer des collections qui font « sens » en travaillant en amont de leur présentation avec des chercheurs et intellectuels qui pourront les aider à ne pas faire de faux pas et risquer de se mettre à dos une partie de leur clientèle et de froisser l'opinion publique. Il en va de l'utilisation des couleurs, des tissus, mais aussi des motifs et des symboles ainsi que des représentations des corps car chaque culture a ses propres sensibilités et ses propres codes. À vouloir être présentes dans tous les pays et à rayonner internationalement sur le plan commercial mais aussi culturel, en étant porteuses d'un certain savoir-vivre et savoir-être, les marques de luxe ont aussi une certaine responsabilité sociétale, selon le sémioticien Luca Marchetti (2016). À la suite du scandale de 2019, Gucci a lancé un programme « Gucci Changemakers » dirigé par un comité d'experts composé notamment d'écrivains, de militants et de professeurs américains (« Le luxe s'entoure d'"experts" pour éviter les faux pas », *Le Monde*, 7 septembre 2019). De même, Prada a constitué un groupement d'intellectuels consacré à la défense de la diversité. En France, Maria Grazia Chiuri, directrice des collections chez Dior, a engagé en avril 2019 l'anthropologue textile française Anne Grosfilley pour réaliser son défilé croisière 2020 à Marrakech. Cette dernière a proposé à Chiuri de faire appel à la maison Uniwax à Abidjan afin de travailler avec des coloristes, des dessinateurs et des ouvriers locaux pour réaliser des produits « Made in Africa » à la croisée de la culture textile africaine (le coton était filé et tissé au Bénin et imprimé en Côte d'Ivoire) et des idées créatives de la maison Dior. Comme l'explique Grosfilley, « Maria Grazia ne s'est pas contentée de piocher dans ma collection de wax, elle est allée à la rencontre des artisans. Le point de départ est une rencontre humaine, entre nous, entre elle et eux. » (*ibid.*). La collection qui en a résulté, selon elle, « par le message fort qu'elle véhicule et par l'engagement qu'elle prend en faisant travailler les artisans locaux, peut aider des designers africains ou d'origine africaine à gagner en assurance et à asseoir leur légitimité. Ce n'est pas une collection "africaine", c'est une collection française et un engagement économique, humain ». Si Anne Grosfilley a contribué à cette collection, elle regrette que l'Afrique soit trop à la mode tandis que les Africains ne le sont pas assez. L'industrie semble l'avoir entendue. En 2019, le designer sud-africain Thebe Magugu est lauréat du prix LVMH tandis qu'en 2020 le Camerounais Imane Ayissi, qui crée depuis 1992, devient le premier créateur d'Afrique subsaharienne officiellement invité dans le calendrier de la Chambre syndicale de la haute couture. Le couturier reconnaît en cette nomination « une grande reconnaissance pour toute l'Afrique » et la possibilité de montrer que « l'Afrique est debout » avec son patrimoine textile et ses savoir-faire ancestraux. C'est d'ailleurs ce qu'a contribué à faire la designer d'origine congolaise Anifa Mvuemba qui a présenté le 22 mai 2020 sa collection Pink Label Congo *via* un défilé en 3D, sans mannequin, ni podium depuis sa page Instagram. À l'origine de collections engagées, intimement liées aux textiles et savoir-faire locaux, faisant appel aux artisans locaux, et ouverts au digital, les créateurs africains veulent montrer que l'Afrique n'est pas seulement une terre d'inspiration pour des couturiers européens ou américains, mais peut aussi être un lieu de création, attractif pour les investisseurs et les groupes de luxe. Plus que jamais, la mode représente pour les créateurs africains, mais aussi pour les Africains de la diaspora et certains gouvernements – ceux du Nigeria, du Sénégal, du Ghana – un vecteur économique et de *soft power* important (« 2019 : l'année de l'envol de la mode africaine », RFI, 30 décembre 2019), mobilisé pour faire oublier les images souvent stéréotypées d'un continent pauvre et sans poids économique ou culturel.

En faisant appel à des cautions scientifiques, les marques se protègent d'éventuelles polémiques tout en soignant leur image de marque engagée et avertie. L'enjeu de pérenniser une « belle image » reste toujours crucial. Cette démarche va de pair plus généralement avec la mise en avant de mannequins censées représenter la diversité des couleurs de peau et des corps. C'est le cas lors des défilés fortement médiatisés et qui garantissent aux marques une mise en avant de leur engagement « pour plus de diversité ». Cependant, que se passe-t-il derrière ces images ? Sont-elles la partie visible de changements de fonds qui se réalisent au sein des marques ? Ou bien ne sont-elles que des opérations marketing de façade masquant une inertie latente au sein des maisons dans lesquelles les décideurs restent des femmes et hommes blancs, aux corps minces et sans handicap ? Les trois dernières années constituent un exemple intéressant : la mode semble avoir montré plus que d'habitude un visage métissé – renforcé peut-être en 2020 par les luttes interraciales qui explosent aux États-Unis à la suite de la mort de George Floyd et de l'intensification du mouvement Black Lives Matter : en 2017, Halima Aden, mannequin d'origine kenyane défile pour Alberta Ferretti et pour Max Mara voilée d'un hijab tandis que Edward Enninful devient le premier rédacteur en chef noir de *Vogue* anglais. En 2018, la mannequin sud-soudanaise Adut Akech clôture le défilé Chanel tandis que Virgil Abloh est appelé à la tête de Louis Vuitton homme. Ces démarches participent-elle d'un véritable projet d'inclusion ? Il semble que non car à l'exception des « grands » noms de créateurs stars tels que Virgil Abloh et de mannequins noirs tels que Naomie Campbell, médiatisés en Une des magazines ou de Rihanna qui crée sa marque au sein de LVMH, rien ne change véritablement à l'intérieur même de l'industrie et au niveau des personnes « non célèbres » qui veulent juste travailler dans la mode. Le défilé Jacquemus de juillet 2020 en témoigne en un sens. Faisant la part belle à la diversité des corps et des couleurs de peau, Jacquemus révéla aussi sans le vouloir, *via* une *story* postée sur son compte Instagram, le visage « blanc » de son équipe de travail. Le créateur n'est pas plus à blâmer qu'un autre mais il révèle un problème inhérent à l'industrie de la mode qui, contrairement à ce qu'elle renvoie dans les médias, continue de manquer de diversité dans ses coulisses. Stylistes, coiffeurs, maquilleurs, modélistes, photographes, journalistes, éditeurs... sont majoritairement blancs. Sans même parler de racisme, la mode a emmagasiné, naturalisé et normalisé des habitudes d'ostracisme dont elle n'arrive pas à se défaire. Le 24 octobre 2020, le *New York Times* publiait d'ailleurs une enquête révélant comment Anna Wintour, la rédactrice en chef de *Vogue* depuis 1988, avait « favorisé un milieu de travail qui mettait à l'écart les femmes de couleur » (« The White Issue: Has Anna Wintour's Diversity Push Come Too Late? »). Cet état de fait qui dure depuis trop longtemps explique-t-il pourquoi les maisons de luxe se sont récemment mises à recruter, parallèlement à des chercheurs pour élaborer leurs collections, des « responsables diversité et inclusion » (ou *chief diversity officer*) afin de « favoriser l'embauche d'employés de toutes origines et veiller à ce que les collections et publicités ne comportent aucun message discriminatoire » (« Maisons de luxe recrutent Responsable diversité et inclusion », *Le Monde*, 7 septembre 2020) ? Cette nouvelle tendance n'est-elle qu'un autre « coup de comm » ? La diversité sur le papier ou sur

Instagram n'est rien si l'inclusion ne se réalise pas quotidiennement au sein des marques et si la culture des entreprises ne change pas drastiquement notamment au niveau des postes de direction et de décision.

Viendra-t-il le temps où plus personne ne se félicitera que telle marque ait proposé à un mannequin d'origine soudanaise ou indienne de défiler pour elle ? Et celui où le *street style*, le « cool » ou le *sportswear* ne seront plus associés « comme styles "naturels" et emblématiques des créateurs d'origine africaine ? » (« Diversité dans la mode : simple façade ou réelle ouverture ? », *Grazia*, 4 mars 2020). La mode est-elle prête à faire de la diversité une banalité et à dépasser les injonctions identitaires stéréotypées ? (*ibid.*) Quand l'exception (d'une mannequin noire en couverture d'un magazine) deviendra-t-elle la norme ? En atteignant cet objectif, la mode ne pourrait-elle pas jouer, *in fine*, un rôle moteur dans la reconfiguration de la hiérarchisation entre les peuples et les nations ? La mode si fortement médiatisée, forgeant autant les représentations et les imaginaires collectifs internationaux – ceux de la Française en jean slim, de la Sénégalaise en wax, de l'Indienne en sari… – ne pourrait-elle pas changer les images qui « collent à la peau » des pays, notamment ceux en voie de développement, et à contribuer à un rééquilibrage du système géopolitique ? La mode comme levier de changement géopolitique ? Oui, à condition que cette dernière soit ouverte à toute forme de créativité et d'idées et refuse le clivage mode occidentale/mode extra-occidentale. On pourrait ainsi envisager de mesurer le degré d'ouverture et de progressisme d'un pays à l'aune du visage « inclusif » de son industrie de la mode, comme on peut l'évaluer à l'aune de la place qu'il accorde aux femmes.

Au-delà des nouveaux pôles créatifs de mode, les capitales du luxe doivent aussi faire face à une nouvelle clientèle à laquelle elles doivent s'adapter.

À L'EST, DU NOUVEAU : LA NÉCESSITÉ DE S'OUVRIR À D'AUTRES MARCHÉS ET D'AUTRES CLIENTS

Russes, Azéries, Ouzbèkes, Chinoises, Malaisiennes, Indonésiennes…, les clientes (la clientèle du luxe étant largement féminine) du luxe ne sont plus aujourd'hui les mêmes qu'il y a cent ans. Depuis dix ans, le luxe peut en effet s'ouvrir à de nouvelles clientes qui habitent au Moyen-Orient et en Asie et non plus seulement en Europe de l'Ouest et en Amérique, comme ce fut le cas pendant plus d'un siècle. Signe de cette ouverture, le Comité Colbert, association fondée en 1954 pour promouvoir l'industrie française du luxe en France et à l'étranger, qui a été d'abord très présent aux États-Unis et au Japon dans les années 1980 et 1990, concentre depuis le début des années 2000 ses actions vers la Chine, l'Inde, la Russie – les maisons françaises implantées en Russie aiment à rappeler que les liens entre le luxe français et la Russie remontent au XVIIIe siècle quand l'aristocratie russe et la Cour comptaient parmi les meilleurs clients du luxe français. Depuis plus récemment, c'est le Moyen-Orient qui attire toutes les attentions des marques de luxe françaises.

Géographiquement éloignées, ces clientes n'ont pas le même profil ni les mêmes attentes que les clientes européennes. Les marques doivent donc être vigilantes à s'adapter à chaque clientèle : tandis que les clients chinois détesteraient faire la queue pour payer leurs achats, seraient superstitieux à l'égard du 4 qui pourrait être brodé sur leurs vêtements, les clients russes aimeraient quand le vendeur s'adresse à la femme et discutent avec elle de mode. Par ailleurs, les clientes d'aujourd'hui, plus actives que leurs prédécesseurs, ne veulent plus du même luxe qu'avant : elles privilégient le prêt-à-porter luxueux en journée et optent pour la couture sur-mesure pour les événements et les soirées. Les pièces doivent être flamboyantes et à la hauteur de la réputation des maisons historiques.

Au Moyen-Orient, les clients du luxe se trouvent principalement dans les pays du Golfe, où le « shopping » est considéré comme un acte de sociabilité et un « mode de vie » permettant d'afficher sa réussite. L'attrait pour le luxe est soutenu par les médias tels que *Harper's Bazaar Arabia* lancé en 2007 et *Vogue Arabia* en 2017. Les jeunes de moins de 30 ans notamment, qui représentent plus de 60 % de la population, qui ont grandi dans une économie en pleine croissance, sont les principaux clients du shopping de luxe qui se réalise dans des *malls*, rares endroits publics de brassage social. En France, l'importance de cette nouvelle clientèle a conduit le Comité Colbert à engager de nombreuses actions pour la fidéliser aux marques françaises. Aux Émirats arabes unis, parallèlement à l'exposition « 10 000 ans du luxe » présentée en 2019 au Louvre Abu Dhabi, l'accent a été mis sur les collaborations entre artisans français et émiratis (« Le luxe français veut s'adapter au nouveau visage des clients du Golfe », *Les Échos*, 16 novembre 2019). Hermès a organisé des démonstrations de ses savoir-faire au service de la réalisation de *bishts*, des manteaux traditionnels arabes par exemple, et de selles de chameau en cuir. L'événement a été également l'occasion pour des marques françaises d'enraciner leur présence sur le sol d'Abu Dhabi. C'est le cas de Chanel qui a ouvert une boutique, de Dior qui a doublé sa superficie d'occupation au sein du grand magasin « The Galleria ». Le Qatar fait aussi figure de nouvel eldorado pour les marques. Non seulement, le pays a investi dans le luxe chez Harrods à Londres et au Printemps à Paris mais il a aussi racheté les maisons Valentino et Missoni en 2012 et Balmain en 2016 *via* la société Mayhoola, affiliée à la famille royale du Qatar. En Arabie saoudite, les experts estiment que 30 % des femmes auront un travail en 2030 et gagneront donc un salaire que les maisons de luxe aimeraient bien voir dépensé chez elles. Ces évolutions ont des conséquences importantes pour les maisons qui doivent non seulement prévoir l'ouverture de nouvelles boutiques mais aussi le recrutement de vendeuses femmes et non plus seulement hommes comme elles le faisaient jusque-là.

L'Asie concentre également les principaux clients de la couture aujourd'hui. Comme l'explique l'économiste Franck Delpal, historiquement, le marché du luxe se partageait entre les Américains et les Européens. À partir des années 1980, les Japonais se sont imposés. Puis dans les années 2000, est apparue une mosaïque émergente avec les Brésiliens et les Chinois. Désormais les Asiatiques représentent 51 % de la clientèle du luxe, dont 32 % de Chinois, contre 23 % d'Américains et 19 % d'Européens (« À quoi ressemblent les nouvelles clientes du luxe ? » *Madame Figaro*, 11 novembre 2018). En 2019, l'Asie pacifique représente par exemple 50 % des ventes pour Hermès,

42 % pour Kering et 37 % pour LVMH. On estime que d'ici 2025, les consommateurs chinois représenteront 40 % des consommateurs du luxe. C'est donc en Chine et en Corée du Sud que le luxe s'est largement développé ces dernières années en direction des classes moyennes supérieures, et parmi elles de nombreux jeunes nés dans les années 1980 en plein boom économique chinois. La croissance des achats de produits de luxe par les *millennials* chinois et coréens a largement poussé les marques et groupes de luxe à s'adapter au marché asiatique. Cette adaptation s'est faite par étapes et plus lentement pour les marques françaises : d'abord, les couturiers ont ouvert des magasins en Asie : Louis Vuitton est en Chine depuis 1992 tandis que Dior s'y est implanté en 1998 par exemple. Puis plus récemment, elles sont allées plus loin, en établissant des partenariats avec les médias asiatiques, afin d'offrir une expérience sur-mesure à leurs clients chinois et coréens très connectés. Ce faisant, elles ont accepté de faire ce qu'elles font rarement en France : s'exposer, communiquer, collaborer avec des réseaux sociaux. En d'autres termes, elles ont dû, et doivent encore, orienter leur communication vers le numérique et leurs ventes vers les achats en ligne. Les marques doivent plus précisément favoriser les réseaux sociaux asiatiques locaux, tels que Weibo et WeChat (et s'adapter à leur format et fonctionnalités autres que celles d'Instagram), et nouer aussi des partenariats avec des influenceurs locaux (les KOLs – Key Opinion Leaders) dont le pouvoir est important auprès des *millennials.* Acteurs, chanteurs et instagrammeurs chinois, ces derniers ont, à travers leurs publications sur WeChat et Weibo, un fort impact sur la vente des produits. Ces « leaders de goût » seraient même à l'origine de ce que l'on appelle la « *fan economy* » tant leur pouvoir

prescripteur est fort. C'est aussi le cas des « influenceurs » européens et américains, mais les marques de luxe semblent plus enclines à travailler avec leurs homologues asiatiques, sans doute car c'est en Asie que les clients se trouvent et qu'il ne faut négliger aucun moyen de les atteindre. Par ailleurs, au-delà du numérique, les marques doivent aussi générer un luxe expérientiel suscitant émotion et émulation *via* des concerts, des vidéos live et des expositions afin de forger chez leurs clients chinois, japonais ou coréens un sentiment d'appartenance. En 2018, Hermès, qui disposait déjà de 25 magasins en Chine à Shanghai, Pékin, Canton et Shenzhen, amorce une étape supplémentaire pour tenter de toucher les 260 autres villes de Chine qui comptent plus d'un million d'habitants. Pour se positionner sur ce nouveau marché, la marque ouvre une plateforme numérique en Chine qui est devenue le quatrième magasin Hermès dans le monde en termes de ventes (« Hermès déploie son e-commerce en Chine », *Fashion Network*, 19 octobre 2018). En 2019, Hermès a d'ailleurs vu ses ventes augmenter grâce à ses ventes de maroquinerie en Chine (« Hermès : rentabilité au plus haut au premier semestre grâce à la Chine », *Fashion Network*, 11 septembre 2019). Dior, de son côté, possède plus de vingt magasins en Chine. En décembre 2015, l'inauguration d'une nouvelle boutique à Pékin est réalisée avec un défilé de la collection prêt-à-porter printemps-été 2016 en présence de Sidney Toledano, PDG de Christian Dior Couture. En octobre 2019, la présentation de la nouvelle collection printemps-été 2020 se réalise sur différents réseaux sociaux chinois dont WeChat et Weibo. Elle se fait en présence de la directrice artistique Maria Grazia Chiuri qui présente pour l'occasion quatorze looks exclusivement destinés à la clientèle chinoise. Le déplacement des directeurs et directeurs artistiques jusqu'en Chine, une offre dirigée vers les clients chinois, ainsi que le partenariat de Dior avec WeChat et Weibo révèlent chez la marque un investissement inédit qui répond à l'importance croissante de la clientèle asiatique dans le secteur du luxe. De son côté, en 2019, Chanel décide de franchir le pas et signe un accord avec la plateforme de e-commerce chinoise Tmall (détenue par le groupe Alibaba) pour être plus visible auprès des clients chinois. La marque y vend des produits de beauté et des parfums. À la même époque, Chanel propose à Shanghai sur six cents mètres carrés son exposition « Mademoiselle Privé » dans laquelle les visiteurs découvrent les savoir-faire cachés derrière les créations Chanel. Grâce à une scénographie sonore et visuelle recréant la maison, les ateliers, les salons, l'appartement et même l'escalier mythique de Gabrielle Chanel mais aussi grâce au recours à des technologies 3D reconstituant un tailleur de 2015, une robe de 1996 et une robe de 2019, cette exposition immergeait les visiteurs dans les codes et l'art de vivre de la maison Chanel. Cet aspect est essentiel dans la conception que les Chinois ont du luxe. Celui-ci doit renvoyer à un travail artisanal, à des matières précieuses, à des traditions, à un morceau d'histoire, à une philosophie de vie, à l'esprit parisien. Afin d'accompagner les visiteurs dans leur découverte de l'exposition, ces derniers pouvaient trouver plus d'informations autour des pièces présentées sur WeChat.

Si les réseaux sociaux et plateformes asiatiques WeChat, Weibo, Tmall et Alibaba sont devenues des partenaires de choix pour beaucoup de marques françaises, italiennes, anglaises et américaines, leurs homologues occidentaux, on l'a mentionné, n'ont pas acquis la même importance dans l'industrie de la mode même si Amazon, après plus de dix ans d'essais, est en passe de devenir la plateforme numéro 1 de l'industrie de la mode. En 2006 et 2009, Jeff Bezos, PDG d'Amazon, achète deux sites d'e-commerce ShopBop puis Zappos auxquels il adjoint ensuite East Dane. Fusionnant ces trois sites, il lance en 2012 le département « Fashion » sur Amazon où les clients peuvent trouver des produits classés par marque à des prix bas et envoyés sous 24h avec l'abonnement prime. En 2015, Jeff Bezos ouvre un studio photographique à Londres, puis une usine automatisée de vêtements à la demande en 2017. Amazon ne détient alors pas encore de stratégie précise, sa plateforme de vente Amazon Spark échouant à remplacer Instagram tandis que son offre très *mass-market* ne convainc pas encore les professionnels de la mode ni du luxe, mais ces derniers surveillent de très près ce qu'il se passe sur Amazon. Le site propose en permanence des nouveaux outils tels que la caméra connectée Echo Look permettant aux clients d'être conseillés par une styliste ou le service Prime Wardrobe permettant de commander gratuitement entre 3 et 15 articles avant de renvoyer ceux que l'acheteur ne souhaite pas conserver. Parallèlement, Amazon ne cesse de multiplier les initiatives pour signer des partenariats avec des grandes marques de prêt-à-porter telles que Calvin Klein, Michael Kors et Kate Spade et pour améliorer sa propre ligne de vêtements créée en 2017. En 2020, Amazon réalise un pas de géant en signant un contrat de collaboration avec *Vogue* et le Council of Fashion Designers of America (CFDA) à la faveur de la crise née de la pandémie de Covid-19. En échange d'un don de 500 000 dollars à *Vogue* et au CFDA, Amazon devient la e-vitrine des designers américains soutenus par le CFDA et *Vogue*. Amazon, enfin, a réussi à s'infiltrer dans l'industrie de la mode et à s'imposer comme un partenaire de choix pour des designers en recherche de visibilité, selon les observateurs (« Amazon Has Been Trying (and Failing) to Infiltrate the Fashion Space for Years. It Just Got a Big Break », *The Fashion Law*, 14 mai 2020). Si le partenariat est présenté comme ayant été créé pour parer à la crise du coronavirus afin d'aider un secteur très touché et de pouvoir permettre aux marques d'écouler leurs stocks, la crise n'est qu'une excuse. En effet, avant même ce partenariat, des signes avant-coureurs laissaient présager un changement à venir du côté d'Amazon et de sa relation avec l'industrie de la mode. Depuis 2012, Jeff Bezos travaille sa crédibilité et son influence auprès du luxe : il se fait d'abord remarquer à la Fashion Week, assis à côté de Diane de Fürstenberg (CFDA) et d'Anna Wintour (*Vogue*) qui aurait même été à l'origine de son relooking récent. Il sponsorise ensuite les grands événements mode américains tels que le Met Gala pour le Costume Institute du Metropolitan Museum of Art. En 2015, Amazon collabore aussi avec le CFDA pour organiser la première Fashion Week homme de New York. L'objectif de toutes ces initiatives ? Convaincre les marques de luxe et de prêt-à-porter d'être distribuées sur Amazon qui traditionnellement vend des produits à bas prix et préfère la quantité à la qualité (« Amazon veut habiller les hommes », *Le Monde*, 7 juillet 2015). Si certaines marques risquent de refuser cette proposition, d'autres, plus petites et sans moyens, auront du mal à dire non à Bezos. Comme le résume Vanessa Friedman dans le *New York Times*, « Qu'ils le veuillent ou non, les designers, surtout les petits, n'ont pas vraiment le choix : ils ont besoin de déplacer leur stock, et ils ont besoin d'un partenaire avec la logistique nécessaire pour le faire et qui a accès à une énorme base de consommateurs de prêt-à-porter (« Amazon to the

Rescue of the Fashion World », *New York Times*, 14 mai 2020).

Quelle incidence ce partenariat va-t-il avoir sur la géopolitique des capitales de mode ? En 2016, alors qu'Amazon vend en ligne quelques marques américaines, LVMH se positionne contre Amazon et explique qu'une telle plateforme n'est pas compatible avec des marques de luxe – en 2010, Chanel et Richemont avaient obtenu de la part de la Commission européenne de refuser de travailler avec certains sites, avançant des risques de contrefaçons. Se retrouve-t-on encore aujourd'hui devant la même ligne de fracture entre les villes de mode favorables au e-commerce du type Amazon et celles qui refusent d'être vendues sur une telle plateforme où elles seraient accessibles à tous, côtoyant une multitude d'autres produits ? La couture, si exclusive et confidentielle, parviendra-t-elle à refuser longtemps cette évolution commerciale imposée par le géant Amazon ? Il se pourrait que ce partenariat conduise, comme on a pu l'observer dans l'industrie du livre, à un système opposant les pro-Amazon et les anti-Amazon, ces derniers voyant dans la plateforme américaine une menace pour les magasins physiques des petites et moyennes marques mais aussi pour les conditions de travail des employés et plus largement pour le fonctionnement du système de la mode dans lequel le contact physique avec le vêtement joue un rôle essentiel ainsi que la relation entre le client et le vendeur. Le risque est alors que cela mène à un monopole d'Amazon et, au-delà, des GAFA, sur toute l'industrie de la mode, imposant aux marques appartenant aux KHOL (Kering, Hermès, l'Oréal, LVMH) un nouveau système de la mode. L'avenir nous le dira.

Toutes ces adaptations, aux nouveaux marchés et aux nouveaux partenariats commerciaux, poussent les marquent traditionnelles du luxe et du prêt-à-porter haut de gamme à se questionner sur l'avenir de la mode et ses enjeux. Ces bouleversements se font alors qu'elles doivent aussi composer avec l'essor de la mode commerciale de masse (ou *fast fashion*) qui modifie à la fois le visage de l'industrie de la mode mais aussi sa géographie.

MONDIALISATION DE LA MODE ET INFLUENCE CROISSANTE DE LA *FAST FASHION*

La *fast fashion* fonctionne sur le principe d'un renouvellement très rapide des vêtements proposés à la vente à bas prix. Au lieu de 4 collections par an présentées par les maisons de mode, les marques de *fast fashion* peuvent en produire jusqu'à 52 par an, soit une par semaine. Moins d'un mois s'écoule entre le dessin d'un modèle, ou son repérage sur un podium, et sa mise en vente en boutique. Réalisée à partir de matériaux de basse qualité, cette mode est destinée à être éphémère et remplacée rapidement par une autre, ce qui explique son bas prix. Les marques de *fast fashion* réduisent au maximum les coûts de production. Ne possédant pas de véritables designers, elles ne créent pas mais copient ce que font les créateurs de prêt-à-porter. Ensuite, elles produisent en très grande quantité pour réduire le coût unitaire des produits et pour avoir assez de stocks si un produit a un succès important en magasin, allant même jusqu'à préférer produire trop et brûler ses invendus en cas de non-vente. H&M et Zara sont les leaders de cette industrie dominée aussi par Primark, Uniqlo et Mango. Hennes & Mauritz (H&M) est fondé en 1947 en Suède poursuivant l'objectif de vendre de la mode à prix imbattable. Après avoir ouvert une boutique en Belgique en 1992 et en France en 1998, il est présent aujourd'hui *via* plus de 4 700 magasins dans 69 pays dont le Maroc, la Pologne, la Chine, la Roumanie, la Turquie, la Malaisie, la Thaïlande, le Mexique et le Chili. Zara, de son côté, est fondé à La Corogne en Espagne en 1975 par Amancio Ortega Gaona. Une première boutique s'ouvre au Portugal en 1988, à New York en 1989 et en France en 1990. Aujourd'hui avec plus 2 200 boutiques Zara dans le monde auxquelles il faut ajouter les 602 magasins de Zara Home, les 766 de Massimo Dutti, les 974 de Pull and Bear, les 1 011 de Stradivarius, les 1 107 de Bershka, les 92 de Uterqüe et les 678 de Oysho, la société Inditex, cotée en bourse, génère un chiffre d'affaires de plus de 26,15 milliards d'euros à la fin janvier 2019.

Au-delà même du rythme de production et de vente que la *fast fashion* a imposé, c'est le système même de production et de distribution de la mode qui a été réorganisé dans les années 1990. Afin d'atteindre leurs objectifs de produire plus pour vendre plus, les marques de *fast fashion* se sont mises à délocaliser leur production dans des pays producteur de matières premières comme le coton, et à bas coûts de main-d'œuvre, faisant appel à des entreprises sous-traitantes localisées pour la plupart en Asie et d'abord en Chine. Ce faisant, la *fast fashion* s'est inscrite dans des réseaux mondiaux de production entraînant, avec les années, de plus en plus de marques de prêt-à-porter à sous-traiter toute leur production en Asie, délaissant leur sol national et déplaçant ainsi la production textile et vestimentaire du nord-ouest au sud-est de la planète. En France, cette évolution a porté le coup de grâce à certaines régions, comme celle des Hauts-de-France, employant des centaines de milliers de personnes dans la fabrication textile et la confection. C'est d'abord en Chine que les marques ont fait fabriquer leurs vêtements. Puis, devant la hausse des salaires et des mouvements sociaux de contestation contre leurs conditions de travail, les marques ou leurs sous-traitants chinois missionnés par les marques, se sont tournés vers d'autres pays, principalement le Bangladesh, le Pakistan, le Cambodge, le Vietnam et, plus récemment, l'Éthiopie où les salaires étaient plus bas. Ainsi, depuis les années 2000, à ce déplacement de la production du nord-ouest au sud-est de la planète se sont ajoutés de multiples déplacements spatiaux et sociaux, renforçant les relations inégalitaires et hiérarchiques entre les États du Sud producteurs et ceux du Nord consommateurs. Depuis dix ans, une géographie plus fine de la *fast fashion* s'est faite jour : afin de produire toujours plus vite, des usines de confection se sont aussi installées dans l'Union européenne ou à ses frontières : en Espagne, au Portugal, au Maroc, en Bulgarie. Celles-ci sont plus proches des pôles de consommation occidentaux et peuvent les approvisionner en mode saisonnière, tandis que la production de produits standards (t-shirt, jean…) reste basée en Chine et au Bangladesh. Une filière d'approvisionnement composée d'usines spécialisées complémentaires tant au niveau des étapes de production (coupe, assemblage, couture…) que des types de produits fabriqués (produits basiques ou de saisons) s'est alors mise en place.

Sous l'effet de la mondialisation galopante et l'essor des pays émergents, de multiples intermédiaires interviennent aujourd'hui dans la réalisation d'un vêtement mobilisant une chaîne de valeur mondiale (« Ces produits qui bouleversent le commerce mondial », *Les Échos*, 15 janvier 2013). Si les échanges de matières premières et de produits entre pays ont toujours existé depuis l'Antiquité, aujourd'hui sous l'effet de l'abaissement des coûts de transport et de communication, le « *made in world* » reflète plus que jamais la réalité des dessous de l'industrie de la mode – c'est le cas aussi pour l'industrie automobile, alimentaire et aéronautique. La fragmentation de la production est telle qu'un vêtement peut être pensé dans un pays, fabriqué dans un autre, finalisé dans un autre encore. La traçabilité d'un vêtement est difficile à réaliser tout comme son étiquetage variant entre « Fabriqué en France/Made in France », « Assemblé en France », « Conditionné en France »... Dans l'Hexagone, un produit n'est considéré « made in France » que si 45 % de sa valeur ajoutée a été produite en France. Dans un rapport de la douane française réalisé en 2013, on lit qu'« un pantalon fabriqué au Maroc avec du tissu français et pour lequel les finitions accessoires ont été faites en France possède l'origine marocaine. Une mention du type "made in France" serait trompeuse, en revanche des mentions telles que "tissu tissé en France et pantalon confectionné au Maroc" ou "pantalon confectionné au Maroc" ou encore "pantalon confectionné au Maroc à partir de tissu tissé en France" peuvent être acceptées. Elles sont, en effet, plus explicites sur le détail des opérations effectuées en France et ne sont pas susceptibles d'induire en erreur le consommateur. » (« Made in France, le bordel des étiquettes », *Slate*, 5 janvier 2012). Quant au « assemblé en France », cette étiquette s'applique aux vêtements dont la majeure partie des composants provient de pays étrangers et qui n'ont pas été fabriqués en France. Enfin le « conditionné en France » renvoie aux étapes d'emballage des vêtements. Au-delà même de ces réglementations qui sont nombreuses et qui peuvent porter à confusion, surtout pour un client non informé, la question de la transparence incombe à la marque elle-même et à ce qu'elle communique (« Le dilemme du "Made in…" », *Le Monde*, 23 juin 2015).

Au-delà de la géographie et des relations commerciales nord-ouest/sud-est qu'elle a remises en cause, comment la *fast fashion* a-t-elle redistribué les cartes des pôles d'attractivité de la mode ? Jusqu'où va l'influence des géants suédois (H&M) et espagnol (Zara) ? Vont-ils jusqu'à faire de l'ombre à la mode française, italienne, américaine et anglaise ? À écouter le président exécutif de la Fédération de la haute couture et de la mode, Pascal Morand, la réponse est oui : « L'influence de la France demeure forte en matière de haute couture et de prêt-à-porter. En même temps, cette influence est en mutation, confrontée d'une part à une mondialisation de la mode et la domination de la mode commerciale de masse des grandes chaînes américaines ou espagnoles – et où les Français sont loin derrière » (« Soft power de la mode », France Culture, 30 septembre 2018). Au-delà même de la croissance du nombre de leurs magasins et de leurs clients qui leur permet de compter parmi les « géants » de la mode, comment les marques de *fast fashion* se sont-elles développées au point d'être considérées comme des concurrents des quatre grands ?

Vers une montée en gamme de la *fast fashion* ?

D'abord sans doute parce que si pendant longtemps, la *fast fashion* a été vue comme la parente pauvre de la mode, sans grande créativité, les choses ont évolué depuis plus de dix ans, quand les enseignes telles qu'H&M, Zara ou Primark ont commencé à améliorer leur image auprès de leurs clients. Leurs efforts ont été tels qu'aujourd'hui, la *fast fashion* est achetée autant par les jeunes aux faibles moyens financiers que par les « modeuses » en quête de pièces à petits prix et en phase avec la mode. En effet, si les marques de *fast fashion* ne s'adressent pas aux mêmes clientes que la mode de luxe, elles ont compris qu'elles pouvaient toucher une partie intermédiaire de la clientèle amatrice de mode et de vêtements, celle qui rêve de haute couture sans en avoir les moyens. Pour attirer ces clientes, la *fast fashion* copie les modèles proposés par la couture et rend de fait le luxe accessible à tous. Nombres d'actrices, d'artistes et d'influenceurs n'hésitent d'ailleurs pas à expliquer qu'ils « mixent » des pièces Dior avec des vêtements H&M, le fameux « *mix and match* » décrit dans tous les médias. Les marques de *fast fashion* ont pour elles de produire vite et de renouveler très régulièrement leurs offres, permettant aux clientes d'être « à la mode », de trouver des vêtements pour travailler, d'autres pour sortir, d'autres encore pour partir en vacances. Par ailleurs, on observe aussi que ces dernières années, la *fast fashion* s'est approprié les codes même du *merchandising* du luxe : non seulement ses modèles s'inspirent étroitement de ceux des grandes maisons du luxe mais ils sont aussi vendus dans des lieux ressemblant aux boutiques haut de gamme. Grands magasins positionnés stratégiquement dans les grandes villes de mode, Paris, New York, Milan, et Londres ; présentation soignée dans les rayons, essayages facilités dans des cabines modernes et spacieuses ; ventes en ligne… tous les ingrédients semblent réunis pour garantir aux férus de mode une « expérience client » réussie. H&M notamment a toujours été attentif à brouiller les lignes entre *fast fashion* et couture de luxe. À partir de 2004, la marque suédoise met en place des collaborations avec des couturiers du luxe : avec Karl Lagerfeld alors chez

Chanel en 2004, Stella McCartney en 2005, Viktor & Rolf en 2006, Roberto Cavalli en 2007, Comme des Garçons en 2008, Sonia Rykiel en 2009, Alber Elbaz pour Lanvin en 2010, Donatella Versace en 2011, Maison Martin Margiela en 2012, Isabel Marant en 2013, Alexander Wang en 2014, Olivier Rousteing pour Balmain en 2015, Kenzo en 2016... Son objectif est de rendre accessibles des pièces créées par des couturiers et de faire descendre le luxe de son podium – les prix allant de 19,90 à 149,90 euros pour les pièces de Lagerfeld par exemple. H&M, qui obtient la confiance des couturiers les plus reconnus tels que le directeur artistique de la maison Chanel qui n'avait jamais accepté d'autres collaborations avant celle-ci, gagne en légitimité à la fois auprès des clients, des partenaires et des maisons de mode. Comme le résume l'AFP en 2016 : « Il faut dire que le géant du textile a réalisé un véritable coup de maître il y a un peu plus de dix ans, en s'associant avec des créateurs de renom et des maisons de couture pointues et rendant ainsi accessible l'inaccessible, le sur-mesure, et les créations rares et coûteuses. Chaque année, les consommateurs savent désormais qu'ils pourront se procurer des pièces couture à "petits prix". Un pari fou et gagnant qui permet aujourd'hui à l'enseigne de jouir d'une réputation sans faille » (« H&M et les créateurs de mode ; retour sur une série de collaborations à succès », *Fashion Network*, 26 mai 2016). Chaque collaboration, lancée lors d'une soirée inaugurale festive et relayée *via* différents médias, est présentée comme un mariage entre le savoir-faire commercial d'H&M et la créativité de la marque choisie. Et à chaque fois, la presse rapporte les files d'attentes interminables, la cohue à l'entrée des boutiques. Par la suite, d'autres marques de prêt-à-porter et de *fast fashion* ont suivi les pas d'H&M : Nike a collaboré avec Balmain ;

Petit Bateau avec Jean-Charles de Castelbajac, Uniqlo avec Inès de la Fressange poursuivant le même objectif de donner plus de valeur à leurs créations.

Au-delà de ces collaborations avec des couturiers du luxe, les marques de *fast fashion* ont entrepris plus récemment d'autres démarches pour améliorer leur image. L'enjeu était devenu essentiel alors même qu'elles faisaient l'objet de nombreux scandales – accusées de copier des modèles de couture, mais aussi de mal rémunérer leurs employés en Asie ou bien de faire travailler des enfants et de polluer la planète. L'effondrement du Rana Plaza à Dacca au Bangladesh en 2013, où meurent 1 150 ouvrières travaillant pour plusieurs marques de *fast fashion* telles que Primark et Mango, puis la découverte, en 2017, dans certaines pièces Zara achetées en Angleterre de messages cachés par des ouvriers turcs dénonçant le fait de n'avoir pas été rémunérés pour leur travail, enfin, la création du mouvement Fashion Revolution « I made your clothes » en 2018 ont en effet éclairé un aspect de la *fast fashion* que les consommateurs refusaient de voir jusque-là : la sous-traitance de la production vestimentaire dans des usines chinoises et bangladaises polluantes, rémunérant très mal leurs ouvriers et ouvrières et ne leur permettant pas de travailler dans des conditions de sécurité optimales. Pour faire « oublier » ces aspects intrinsèques à leur fonctionnement, les marques de *fast fashion*, ont accéléré leur montée (en apparence ?) en qualité, s'appropriant ce faisant encore un peu plus les codes du luxe. Le cas d'H&M est intéressant. À la fin des années 2000, la marque connaît aussi ses premiers scandales : procès en contrefaçons, problème de surproduction, invendus lacérés au cutter et jetés à la poubelle, mauvaises conditions salariales et sociales pour ses employés en Asie… Pour continuer d'exister, H&M doit redorer son image auprès des consommateurs qui veulent plus de transparence. Pour faire oublier son aspect commercial bas de gamme, elle lance des collections « green », « conscious » et décide également d'investir le monde des musées et du patrimoine. En 2016, la marque est en effet le mécène exclusif de l'exposition Fashion Forward présentée au Musée des arts décoratifs à Paris. Le partenariat est unique : pour la première fois une marque de *fast fashion* devient mécène d'un musée pour une exposition de mode à gros budget. Avec ce partenariat, le MAD peut restaurer une partie de ses galeries mais c'est surtout H&M qui sort gagnant de cette transaction. Non seulement le géant suédois profite du vernissage de l'exposition pour sortir sa collection « Conscious Exclusive » réalisée, selon la marque, à partir des archives du MAD et de la couture parisienne, mais H&M réussit aussi à exposer deux de ses modèles au sein même du musée. Dans la dernière salle de l'exposition, en effet, deux robes H&M de 2016 de la ligne « Conscious » sont présentées au milieu de robes historiques réalisées par les maisons Chanel, Dior et Jean Paul Gaultier. H&M est au musée, vive H&M pourrait-on dire. Quelle meilleure stratégie en effet que celle de se faire une place au sein d'une institution culturelle et artistique de renom pour parfaire son image de marque ? Cette stratégie de *soft power* de la part d'H&M vise à donner « plus de valeur symbolique à ce que les clients consomment » (« H&M en mode soft power », *Libération*, 29 mai 2016) et à asseoir la légitimité de la marque. Avec toutes ses collaborations, H&M a réussi à créer son propre passé et son héritage : un univers tout à la fois artistique, culturel, musical qui, selon Patricia Romatet, professeure à l'IFM, « parle au grand public, mais aussi aux leaders d'opinion » (*ibid.*).

La riposte des marques de luxe

Comment les marques de luxe ont-elles réagi face à cette montée en gamme des propositions créatives des marques de *fast fashion* ? Les maisons de couture ont leur histoire et leurs savoir-faire comme garants de qualité. Cependant, leurs prix sont prohibitifs, et parfois leur ancienneté, si elle n'est pas « modernisée », constitue un obstacle pour la clientèle qui ne se reconnaît pas dans les codes d'une institution centenaire. La *fast fashion* se positionne exactement ici en proposant une alternative à ce luxe « classique ». Elle entend le démocratiser et vulgariser le goût pour la mode chez les jeunes. En un sens, elle servirait donc la couture puisqu'elle permettrait une adoption en masse des tendances des marques de luxe. La petite veste Chanel, cent fois imitée par H&M et Zara, participerait ainsi, en un sens, au renforcement du mythe autour de cette pièce devenue emblème de la maison Chanel depuis les années 1920. Les marques de luxe ne voient pas toutes la *fast fashion* de cet œil-là et déplorent au contraire leurs méthodes et procédés de contrefaçon. En effet, si Gabrielle Chanel de son temps estimait que la copie était un signe de succès car « il n'y a pas de succès sans copie et sans imitation », aujourd'hui les marques de luxe sont très nombreuses à intenter des procès pour protéger leurs produits. En 2006, LVMH poursuit eBay qu'il accuse de faciliter la vente de contrefaçons sur son site et obtient environ 40 millions de dommages et intérêts. En 2012, Hermès, de son côté, porte plainte devant la Cour de New York contre 18 contrefacteurs chinois de ses sacs et obtient 100 millions d'euros de dommages et intérêts. De même, Kering, en 2015, intente une action contre le site chinois Alibaba qui vendait des contrefaçons de produits Gucci et Saint Laurent. Aujourd'hui, les marques et groupes de luxe se sont tous dotés de services juridiques très actifs pour lutter contre les contrefaçons. Cela ne les exempte cependant pas de tomber eux aussi parfois dans la contrefaçon : en 2012, par exemple, après sept ans de bataille judiciaire, Chanel a été condamné pour contrefaçon d'un motif inventé par l'un de ses sous-traitants World Tricot et a dû lui verser 200 000 euros de compensation financière. Pour certaines maisons, la contrefaçon est devenue un phénomène si difficilement contrôlable – il représente 3,5 milliards d'euros de ventes manquées par an et une perte de 25 000 emplois en 2017 – que leurs directeurs artistiques essaient d'en jouer dans leur collection. En 2017, par exemple, Gucci propose un pull rose avec un ourson griffé « Guccy », faisant allusion aux erreurs faites par les contrefacteurs ; Louis Vuitton signe une collaboration avec la marque Supreme alors qu'elle lui avait intenté un procès en 2000 pour reproduction de son logo LV sur des skateboards. D'autres vont encore plus loin : Balenciaga, par exemple, crée en 2017 un sac bleu ressemblant au cabas en plastique IKEA à 1 700 euros (contre 80 centimes d'euros chez IKEA).

Ce jeu avec les codes de la mode est une réponse aux copies fabriquées par la *fast fashion*, mais c'est aussi un moyen pour les marques de luxe de « rajeunir » leur image. D'autres idées ont été proposées par les marques pour atteindre cet objectif. Louis Vuitton a initié des collaborations avec des artistes et graffeurs, symboles du « style urbain », tels que Pharrell Williams et Kanye West, pour attirer une clientèle plus jeune, plus connectée et qui a une meilleure connaissance de ce qu'il se passe dans la rue. En 2018, un pas de plus est franchi quand Vuitton engage Virgil Abloh, créateur et artiste éclectique, à la tête de sa marque Off-White, aux 5 millions d'abonnés sur Instagram, pour diriger les collections homme. Chez Balmain, le choix s'est porté en 2011 sur Olivier Rousteing pour occuper le poste de directeur artistique de la maison. À 25 ans, avec plus de 6 millions d'abonnés sur Instagram, il rajeunit la maison créée en 1945, l'ouvre au numérique, et au mélange des genres (*sportswear*, glamour, bling-bling, *streetwear*). Autant d'initiatives pour donner un coup de jeune et attirer une clientèle nouvelle. LVMH va plus loin en 2017 lorsque le groupe accueille en son sein la maison de couture créée par Rihanna, Fenty. La chanteuse est déjà une entrepreneuse aguerrie : elle a créé des lignes de parfums, de vêtements et d'accessoires (notamment en collaboration avec Gucci en 2008, avec Armani en 2011, avec Puma en 2014) et de cosmétiques. Première femme, noire qui plus est, à créer une marque originale chez LVMH, Rihanna, dont l'aura auprès du public qui la trouve authentique et proche de lui, la notoriété (85 millions d'abonnés sur Instagram), l'influence et le sens des affaires ne sont plus à prouver, permet au groupe de s'adresser à la nouvelle génération tout en s'ouvrant à d'autres univers, d'autres communautés culturelles et d'autres consommateurs (« Les raisons qui ont poussé LVMH à faire alliance avec Rihanna », *Fashion Network*, 16 mai 2019).

Entre luxe et *fast fashion* : des frontières moins rigides qu'on ne le pense

À l'heure actuelle, si les maisons de luxe continuent d'être le porte-drapeau de la créativité de la France, de l'Italie, des États-Unis et de la Grande-Bretagne et de jouer un rôle essentiel dans le rayonnement de ces pays, la *fast fashion* est devenue un acteur avec lequel la couture doit compter et composer. Le monde de la mode est multiple et la frontière entre couture et *fast fashion* devient de moins en moins nette, chacun essayant d'emprunter les codes de l'autre et de s'adresser à l'audience de l'autre – sans compter les marques non spécialistes telles que IKEA et Lidl qui se lancent dans la production de vêtements en 2020. Si longtemps, les spécialistes traçaient une ligne stricte qui délimitait, d'un côté, la mode du luxe réalisée dans des conditions exemptes de toutes critiques, et de l'autre côté, les marques de *fast fashion* pointées du doigt pour leurs excès, cela est de moins en moins valable. En effet, dans une accélération permanente de la production vestimentaire, même les marques de haute couture cherchent à sous-traiter dans des pays à moindre coût. Si la majorité de leur création relève des métiers d'art et du travail à la main réalisé en France et en Italie, certaines étapes sont externalisées et le prix élevé d'un produit n'est plus toujours un garant de qualité et d'éthique. Dans le cadre d'une émission *Cash Investigation*, la journaliste Zoé de Bussière s'est penchée sur le cas du luxe et du groupe Kering. Son étude révèle le recours à des travailleurs étrangers en intérim dans des sociétés de sous-traitance italiennes et un nombre élevé d'accidents du travail au sein des activités de tannerie de certaines marques du groupe. Comme elle explique « On n'imagine pas trouver ce genre de comportement dans un monde très feutré, celui du luxe, en Europe, en Toscane, à 1 000 kilomètres de Paris. C'est horrible de dire ça, mais on s'attend davantage à voir ce genre de choses au Bangladesh sur la chaîne de production du coton. On se dit que nous, en Europe, on a des standards de qualité, des réglementations sociales, une inspection du travail qui agit, des directives européennes qui sont appliquées, des chartes éthiques qui encadrent tout ça » (« Cash Investigation : Dans le secteur du luxe, l'absence de communication est la règle », *Télérama*, 9 octobre 2018). La journaliste note que la communication du groupe Kering tend à survaloriser l'image du luxe respectueux et engagé par différents biais : par le nom Kering qui, rappelant les racines bretonnes de la famille Pinault, renvoie aussi au mot anglais « care » (« faire attention aux autres »), ainsi que par la création de la fondation Kering pour lutter contre les discriminations et les violentes faites aux femmes. Ce discours cache cependant des manquements éthiques au sein de sa chaîne de sous-traitance. Ce reportage n'est pas le seul à remettre en perspective l'image d'Épinal du luxe. En 2017, la marque Burberry fait scandale en déclarant avoir détruit pour 31 millions d'euros d'articles invendus. Avec l'accélération du renouvellement des modes, les invendus deviennent de plus en plus importants et les marques les détruisent. Cette pratique est courante dans le luxe qui refuse de faire des soldes et du déstockage pour ne pas rendre ses produits trop accessibles et pour ne pas qu'ils tombent dans des réseaux parallèles. Plus prosaïquement, cette pratique permet surtout aux marques de protéger leur propriété intellectuelle et leur patrimoine. Ces destructions, peu visibles dans les rapports annuels des entreprises, seraient monnaie courante chez LVMH, Kering et Hermès qui les justifient en parlant « d'obsolescence des produits », de « saisons ou collections terminées », de « perspectives d'écoulement ». Si d'un point de vue juridique, ces marques ont le droit de détruire des produits qui leur appartiennent, d'un point de vue moral et éthique, et à l'heure où une partie de la population n'a pas les moyens de s'acheter des vêtements neufs, il est difficile de comprendre ces actes pour l'opinion publique (« Destructions d'invendus :

Burberry est loin d'être une exception dans le luxe », *Stratégies*, 23 juillet 2018).

S'il ne faut pas ignorer les parts d'ombre de l'industrie du luxe faisant la notoriété des capitales de mode parisienne, anglaise, italienne et américaine, à l'opposé, il ne faut pas uniquement voir l'Asie comme une terre de confection de *fast fashion* aux ateliers ne respectant pas ses ouvriers. Certes, cette image qui colle à la peau des entreprises de sous-traitance chinoises et bangladaises s'appuie sur des faits et des chiffres, mais on observe depuis peu que la Chine est aussi capable de produire des vêtements de qualité. Certaines marques françaises font produire 80 % de leur collection en Europe mais ont recourt aux entreprises de sous-traitance chinoise pour 20 % des vêtements en soie et en maille arguant que la Chine dispose des machines, des savoir-faire et des ouvriers pour réaliser des pièces de très bonne qualité. Comme le résume la directrice artistique de la marque Tara Jarmon, il peut y avoir des usines incroyables au fin fond de la Chine et des fabricants très médiocres à Paris (« Mode : pourquoi il ne faut plus bouder le made in china », *L'Express*, 8 février 2019). Depuis dix ans, la Chine serait le premier investisseur en machines textiles, selon la professeure Nathalie Ruelle, et disposerait ainsi des machines les plus modernes pour filer, teindre, tricoter mais aussi coudre (*ibid.*). Par ailleurs, les conditions de travail seraient en train de changer au profit des ouvriers qui seraient mieux protégés contre les substances toxiques. Il est difficile de mesurer à quel point l'effondrement du Rana Plaza ainsi que les enquêtes et documentaires qui ont suivi, tels que *The True Cost*, ont permis une prise de conscience chez les marques (la question chez les consommateurs est autre chose) – on y reviendra en quatrième partie – mais il est intéressant aussi de dépasser la vision binaire largement partagée aujourd'hui qui oppose le « méchant H&M » aux marques éthiques et de luxe. Selon Ruelle, la réalité est plus complexe que cela notamment parce que les marques de *fast fashion* ont davantage de moyens humains, financiers et techniques pour être plus éthiques que les petites marques. Pour le professeur Denis Darpy, il faut reconnaître la montée en puissance de la Chine, notamment aussi par la création de marques de luxe chinoises, et arrêter de lui faire une mauvaise réputation. Faisant également remarquer que plusieurs marques à la fois de prêt-à-porter, telles Sandro, Maje, Claudie Pierlot (SMCP) et de luxe, telles que Lanvin, appartiennent à des fonds chinois, Darpy explique que l'on ne peut plus rejeter en bloc l'influence chinoise sur la mode, mais plutôt apprendre aux consommateurs à ne plus voir la Chine seulement comme le pays de la production de masse et à bas prix mais comme un pays de mode qui évolue.

Ces dix dernières années, les « quatre grands » de la mode ont connu d'importants changements tant structurels, économiques que commerciaux. Face à la concurrence de nouvelles villes créatives, à l'apparition d'un nouveau type de clientèle et à l'essor vertigineux de la *fast fashion*, leurs réactions, entre protection de leur statut acquis depuis de nombreuses années et modernisation de leur propositions créatives et commerciales, témoignent de leur volonté de s'adapter aux évolutions de leur temps et de rester ouverts, mais aussi de conserver leurs prérogatives et leur « grandeur ».

LEADER MAIS À QUEL PRIX ? LES NOUVEAUX CHALLENGES DES « CAPITALES DE MODE »

(Re)donner du sens à l'industrie de la mode constitue l'enjeu clef d'aujourd'hui et des années à venir. De quel sens parle-t-on ? De plusieurs sens en fait. Les ouvriers, les créateurs de mode, les journalistes, les consommateurs… tous ont besoin de comprendre d'où vient ce qu'ils aiment, achètent et portent. Certes, une grande partie des consommateurs achètent leurs vêtements sans se poser de questions, mais ils sont de plus en plus nombreux à penser leurs achats (Étude IFM-Première Vision sur la mode écoresponsable, septembre 2019). Leurs questionnements sont nombreux et sont d'ordre écologique, social, éthique et politique. Ils veulent d'abord comprendre qui a fabriqué leurs vêtements et dans quelles conditions. Au-delà, ils sont nombreux à vouloir que la mode qu'ils portent revête un sens, qu'elle dise quelque chose sur les matières dont elle est constituée et sur les petites mains qui l'ont confectionnée. Si jusqu'à aujourd'hui, l'essor de l'industrie de la mode s'est réalisé grâce aux médias, aux Fashion Weeks, aux écoles et aux musées, le maintien de sa croissance dépend maintenant de nouveaux facteurs sociaux et environnementaux et de la capacité de ses acteurs (capitales de mode, syndicats, marques, groupes…) de rendre leurs processus de production et de distribution transparents et éthiques. « On assiste à un boom de la beauté “clean”, du bien manger, il n’y a aucune raison pour qu’une mode propre ne se développe pas », suggère Pierre-François Leloüet, le président de la Fédération française du prêt-à-porter féminin (*Le Figaro*, 2 avril 2019). Une géopolitique de l’éthique se substituera-t-elle dans la mode à la géopolitique de la créativité et de la médiatisation qui a prévalu jusque-là ? Le recours aux nouvelles technologies et le soutien à l’innovation pourraient constituer une piste pour la mode de demain, redistribuant sans doute aussi les cartes entre pôles dominants dans la mode.

L'IMPACT SOCIAL DE LA MODE, UN ENJEU DE TAILLE POUR MAINTENIR SON INFLUENCE

Avec l'accélération de la production et de la commercialisation des vêtements, la pression exercée sur les ouvriers et ouvrières confectionnant les produits a drastiquement augmenté. Parallèlement, les conditions de travail se sont détériorées. Cette situation touche principalement les employés des usines de sous-traitance localisées en Asie, en Chine, mais aussi au Bangladesh et en Inde. Si le problème a été de plus en plus pointé du doigt après l'effondrement du Rana Plaza en 2013 à Dacca au Bangladesh, la question est loin d'être nouvelle. La préférence de la rentabilité au détriment de la protection sociale des employés dans l'industrie de la mode, comme dans d'autres industries, est déjà tangible au début du XXe siècle. Dans la mode, elle fait irruption brutalement à la une des journaux le 25 mars 1911 quand les Américains découvrent que l'usine Triangle Shirtwaist à New York, où travaillent des ouvrières de la confection, majoritairement immigrées d'Europe du Sud et de l'Est, a brûlé et tué 146 personnes. Afin de contrôler les entrées et sorties des ouvrières pour éviter qu'elles volent des pièces, ces dernières étaient fouillées à la fin de leur journée de travail, mais le propriétaire avait aussi décidé de fermer les portes d'accès aux 8e, 9e et 10e étages. Quand le feu, probablement à cause d'une cigarette, se déclare au 8e étage, il se répand vite à cause des garnitures textiles traînant par terre (coton, dentelle, ruban…). Les 146 ouvrières, ne pouvant ouvrir les portes verrouillées pour échapper à l'incendie, meurent par asphyxie, brûlures ou défenestration. Cette tragédie conduit à l'organisation de la profession : un comité de sécurité publique est créé et dirigé par Frances Perkins suivi par la Commission d'enquêtes sur les usines par la législature de l'État de New York et l'American Society of Safety Professionals le 14 octobre 1911. Cependant, si l'incendie conduit à un renforcement du mouvement syndical ouvrier et un meilleur encadrement de leurs conditions de travail, cela n'est pas le cas de tous les pays impliqués dans la confection textile qui n'ont ni le gouvernement, ni les structures et ni les moyens pour développer une véritable politique sociale. L'effondrement du Rana Plaza au Bangladesh en 2013 en est un exemple probant : le bâtiment accueillait des milliers d'ouvriers et plus particulièrement d'ouvrières travaillant à la confection de plusieurs produits de *fast fashion* (Mango, Primark, Benetton). Le 24 avril, il s'effondre occasionnant la mort de 1100 employés, en blessant 2500 autres. En cause ? Non pas une explosion, ni un incendie mais le « simple » effondrement d'un immeuble vétuste, accueillant beaucoup d'employés, de grosses machines et de marchandises, qui ne faisait pas l'objet de surveillance ni d'entretien. La concentration et l'accroissement de la production de vêtements n'ont pas entraîné la recherche de locaux adaptés et plus sécurisés aux nouvelles conditions de travail. Au contraire, elles ont conduit les entreprises sous-traitantes à vouloir des locaux toujours moins chers pour assurer une rentabilité optimale. Comme l'explique le professeur Armand Hatchuel, rien n'est pensé en termes d'industrie, c'est-à-dire de praticité et d'ergonomie, comme ce fut le cas au XIXe siècle qui vit le développement de multiples innovations techniques, énergétiques et architecturales (« Rana Plaza, la mort de l'industrie », *Le Monde*, 26 mai 2013). Par exemple, l'articulation entre des machines lourdes et des sols solides, des espaces lumineux et des températures intérieures supportables ne sont jamais pensés. Pour Hatchuel, l'effondrement du Rana Plaza et les conditions de travail des ouvriers textiles aujourd'hui ne sont pas le résultat d'une délocalisation de l'industrie, mais les conséquences d'une production de masse non « industrielle » implantée par des donneurs d'ordre qui, en dépit de la croissance de leurs exportations, se refusent à construire des usines de qualité, adaptées aux prérequis nécessaires de la production textile. Les responsables ? Les acteurs locaux à la tête de ces usines non réglementaires mais aussi les marques européennes et américaines qui sous-traitent chez eux. Si en 1911, l'incendie au Triangle Shirtwaist a entraîné une amélioration des normes de sécurité des usines et des conditions de travail des ouvriers, l'effondrement en 2013 a eu un impact médiatique et un retentissement international très fort mais n'a pas conduit à une politique sociale et syndicale locale en faveur des ouvriers. En cause, les nombreuses menaces, arrestations et poursuites judiciaires qui pèsent sur les ouvriers s'ils revendiquent de meilleurs salaires et conditions de travail (« From Triangle to Rana Plaza: Workers Must Be the Priority », *The Daily Star*, 24 avril 2019). À défaut du développement d'une politique en faveur des ouvriers, un mouvement s'est créé après cette tragédie. À l'initiative de

Carry Somers, créatrice britannique de la marque Pachacuti, réunissant des créateurs, syndicats et ouvriers, les objectifs du mouvement Fashion Revolution sont d'améliorer les conditions de travail des ouvriers et transformer les principes régissant la *fast fashion.* Les slogans, repris en hashtags, tels que #IMadeYourClothes #WhoMadeMyClothes se sont diffusés sur tous les réseaux de communication ainsi que dans des campagnes de presse internationales. Le mouvement qui organise des rencontres et des conférences entend changer également les pratiques des consommateurs et les pousser à interroger leur consommation vestimentaire. D'autres médias se sont mobilisés pour informer le plus de personnes possibles des conditions de fabrication des vêtements qu'elles portent, et notamment l'industrie cinématographique. En 2015, le documentaire *The True Cost* d'Andrew Morgan fait date. S'appuyant sur des données collectées pendant deux ans dans treize pays, il explore la *fast fashion* par l'intermédiaire des conditions de vie et de travail de ses ouvriers et ouvrières et de la pollution qu'elle génère, examinant aussi plus largement la question de la consommation de masse et du capitalisme. Projeté à Cannes, et dans les salles de cinéma britanniques et américaines, le film montre comment les marques de *fast fashion* pressurisent les entreprises de sous-traitances en Asie en les menaçant de changer de prestataires si les coûts de production venaient à augmenter, comment les ouvriers travaillent dans des usines humides et polluées chimiquement tandis que d'autres sont battus.

Du côté des marques de *fast fashion* qui s'approvisionnaient auprès des usines telles que celle du Rana Plaza, elles ont décidé, juste après l'événement tragique, de s'impliquer dans la sécurisation des usines de sous-traitance auxquelles elles faisaient appel au Bangladesh où l'économie repose essentiellement sur l'industrie textile – 80 % des exportations du pays concernent le secteur textile qui pèse 31 milliards de dollars et emploie quatre millions de travailleurs. L'idée de départ était d'agir de concert et de travailler dans une optique globale nord-ouest/sud-est, ce qui aurait peut-être conduit à repenser une nouvelle géopolitique de la mode. Il en a été tout autrement et deux camps « rivaux » se sont créés : d'un côté, « l'Accord du Bangladesh pour la sécurité incendie et des bâtiments » (15 mai 2013) qui regroupe près de 200 membres de vingt pays d'Europe, d'Asie, d'Amérique du Nord et d'Australie dont des marques comme H&M, Primark, New Look et Mango. De l'autre, « l'Alliance pour la sécurité des travailleurs du Bangladesh » (10 juillet 2013) est constitué de 26 entreprises américaines et canadiennes, telles que Walmart et Gap. Chacun des groupements a en charge l'inspection d'usines au Bangladesh et la vérification des infrastructures électriques et des usines (John Ahlquist, « Firm Participation in Voluntary Regulatory Initiatives: the Accord, Alliance, and US Garment Importers from Bangladesh », *The Review of International Organizations*, 2020). Plusieurs querelles ont éclaté entre eux : l'Alliance estime avoir réalisé plus d'inspections d'usines de sous-traitance que l'Accord tandis que ce dernier juge que les inspections américaines n'ont pas été assez rigoureuses (« Battling for a Safer Bangladesh », *New York Times*, 21 avril 2014). Il en va également entre eux de différences d'approches : tandis que les membres de l'Accord expliquent travailler en collaboration avec les syndicats et les ouvriers locaux, ceux de l'Alliance affirment que l'Accord n'a pas aidé les travailleurs licenciés à la suite de l'une de leur inspection ayant conduit à la fermeture d'une usine. Les premiers résultats, tombés en juillet 2014, ont montré l'étendue des dégâts (fissure des murs, matériaux inflammables dans les espaces de stockage et de travail) et la nécessité d'investir des milliers, voire des centaines de milliers d'euros, dans des travaux. Au-delà, c'est aussi toute une politique sociale qu'il faudrait changer au Bangladesh où la corruption est répandue, mais aussi la formation afin d'apprendre aux propriétaires des usines, comme à leurs employés, à identifier les dangers encourus et les solutions à y apporter.

Si l'Alliance a achevé son mandat le 31 décembre 2018 après avoir dispensé des formations en sécurité-incendie à un million d'ouvriers dans 650 usines de confection, l'Accord a souhaité, lui, continuer son action au-delà des cinq années prévues initialement. À cette époque, à la fin de 2018, 1 620 usines sur les 8 000 ont été inspectées, mais seules 174 ont engagé les travaux de sécurité recommandés. Cette décision de l'Accord n'est pas du goût du Bangladesh qui, lui, souhaitait reprendre le contrôle de la surveillance des usines *via* la Remediation Coordination Cell (RCC), son organisme de contrôle étatique. Cependant nombre d'acteurs de l'Accord estimaient que le RCC n'avait pas encore la capacité de mener les inspections et d'initier les travaux de rénovation des 7 000 usines restantes. Rejet de la présence et de l'ingérence de puissances étrangères donneuses d'ordre, refus de devoir suivre un programme perçu par certains fabricants bangladais comme colonialiste ? Quoiqu'il en soit, l'affaire est allée à la Cour suprême du Bangladesh qui a décidé, en mai 2019, de prolonger l'Accord jusqu'en 2021. Le nouvel Accord est juridiquement contraignant pour les marques qui doivent s'engager, en adhérant à l'Accord, à s'assurer que la remise en état de la sécurité est financièrement faisable pour l'usine et effectuée correctement et qu'elle soit suivie de visites de contrôle réalisées par des acteurs indépendants. L'adhésion à l'Accord implique aussi pour les marques le suivi de programme de formation en sécurité, en gestion des travailleurs et de leurs droits et conditions de travail.

Ces avancées au Bangladesh posent néanmoins plusieurs questions : assiste-t-on à l'échelle mondiale à un renforcement du déséquilibre et de la dépendance entre les pays propriétaires des marques de mode et les pays producteurs des produits de ces marques ? La crise sanitaire du Covid-19 a montré par exemple comment les ouvriers du Bangladesh se sont retrouvés sans emploi, plusieurs marques occidentales ayant annulé ou reporté jusqu'à 2,8 milliards de dollars de commandes passées avant la déclaration de l'épidémie. Cette dépendance commerciale entre les pays développés et les pays en voie de développement se double d'une dépendance morale entre des donneurs d'ordre et des prestataires devant produire toujours plus et plus vite tout en respectant des conditions de sécurité et règles édictées par les premiers. On remarque en effet que les débats sur l'avenir de l'industrie de la mode font entendre les voix des leaders occidentaux, des groupes de luxe et des marques, mais qu'en est-il de la voix des pays asiatiques ou européens de l'Est où se trouvent les usines de sous-traitance ? N'auraient-ils pas davantage de rôle à jouer dans la mise en place d'une économie de la mode plus responsable ? Le futur de l'industrie de la mode ne se joue-t-il pas aussi dans le rééquilibrage géopolitique au niveau mondial des relations entre marques, groupes, fabricants, sous-traitants et ouvriers ?

Par ailleurs, l'attention concentrée sur le Bangladesh depuis sept ans n'a-t-elle pas conduit des marques à sous-traiter dans d'autres pays où les conditions de travail sont moins scrutées publiquement ? En janvier 2020, l'opinion publique découvre que, la Chine étant devenue trop « chère », le Bangladesh trop « dans le viseur », plusieurs marques se sont tournées vers l'Éthiopie où le gouvernement ne cessait de souligner que sa main-d'œuvre était bon marché et qualifiée, sept fois moins chère qu'en Chine, moitié moins chère qu'au Bangladesh. L'État éthiopien a aussi proposé des terrains bon marché aux marques et des exonérations de charge. Certes, le pays possède une tradition textile dans le cuir notamment depuis sa colonisation par l'Italie en 1935, mais sa main-d'œuvre est la moins rémunérée au monde : 23 euros par mois (contre 85 euros au Bangladesh et 291 euros en Chine pour comparaison). H&M, Calvin Klein et Tommy Hilfiger ont néanmoins accepté de traiter avec des usines éthiopiennes. Par ailleurs, en juillet 2020, les médias révèlent que dans la région du Xinjiang dans le nord-est de la Chine, des ouvriers ouïghours sont victimes de travail forcé au sein d'usines de sous-traitance travaillant pour des marques de *fast fashion* occidentales. Ce travail forcé s'inscrit plus largement dans une politique d'internements massifs des Ouïghours, des Kazakhs et d'autres minorités musulmanes, mise en place par la Chine afin d'assimiler, laïciser et urbaniser ces derniers. La région du Xinjiang est stratégique pour la mode et les sous-traitants puisque 84 % de la production totale de coton de la Chine provient de cette région. Certaines voix se sont élevées pour dénoncer la responsabilité de certaines marques occidentales, telles que Adidas, Lacoste, Gap, H&M et Ralph Lauren, qui auraient bénéficié de l'exploitation ouïghoure en acceptant de collaborer avec leurs sous-traitants chinois (« Coalition Brings Pressure to End Forced Uighur Labor », *New York Times*, 23 juillet 2020). En septembre 2020, H&M annonce rompre ses liens avec son fournisseur chinois Huafu qui est directement impliqué dans cet esclavage moderne des Ouïghours.

Ces différentes années, c'est en Europe que les marques ont également sous-traité donnant une visibilité nouvelle au « Made in Europe ». On a vu comment cette délocalisation en Europe permettait à des marques de *fast fashion* d'approvisionner plus rapidement leurs boutiques en vêtements de saison. Psychologiquement déculpabilisant, le « Made in Europe » donne bonne conscience par rapport au « Made in Bangladesh ». Cependant il recouvre une réalité peu reluisante : en Europe de l'Est (en Ukraine, Hongrie, Serbie, Bulgarie), les 1,7 million de travailleurs textiles vivent dans la précarité. En Ukraine, une ouvrière ne gagne que 89 euros alors qu'il lui faudrait 483 euros par mois pour faire vivre une famille tandis qu'une Slovaque gagne 374 euros et une Serbe, 218 euros. Les vêtements produits sont exportés en Allemagne, Pologne, Hongrie et en France.

En 2019, une étude menée par l'IFM et Première Vision révèle que, pour les consommateurs internationaux, les conditions de travail des ouvriers sont (seulement) le troisième critère de durabilité des produits de l'habillement. Si les consommateurs se montrent « concernés » par les conditions de fabrication de leurs vêtements, le sont-ils aussi lorsqu'ils achètent leurs produits ? Jusqu'où va leur sens de l'éthique et de la morale ? Il est d'autant plus délicat de répondre à cette question que rien n'est blanc, rien n'est noir. On ne peut blâmer un acheteur de *fast fashion* qui n'a pas les moyens d'acquérir du « made in France » ou du « made in Italy » – qui restent de toute façon des labels confus et des produits plus difficiles à trouver.

Dans la balance d'une mode éthique, les questions sociales sont également à associer à des préoccupations environnementales, pour obtenir un aperçu global de la situation.

RÉDUIRE L'EMPREINTE ENVIRONNEMENTALE DE LA MODE : UNE NÉCESSITÉ POUR RESTER LEADER

Depuis 2012, les médias ne cessent de répéter que la mode est, après le pétrole, la deuxième industrie la plus polluante de la planète. Cette affirmation ne repose sur aucune donnée scientifique fiable mais, avec les années, elle est devenue un slogan si accrocheur, une phrase si éloquente qu'elle est réutilisée sans cesse lorsqu'il s'agit de parler de l'impact environnemental de l'industrie de la mode (« The Biggest Fake News in Fashion », *New York Times*, 18 décembre 2018). Ceci dit, elle est bien l'une des industries les plus néfastes au monde pour la planète, tant en termes d'émissions carbone et de produits chimiques dans la nature, que de surabondance de déchets. En 2018, près des trois cinquièmes des vêtements produits dans le monde se retrouvent à la décharge l'année qui suit leur production tandis que plus de 8 % des émissions mondiales de gaz à effet de serre sont produites par les industries du vêtement et de la chaussure (soit presque autant que les transports routiers de la planète). D'autres chiffres sont éloquents : 20 à 25 % des composés chimiques produits dans le monde sont utilisés dans l'industrie textile.

Le polyester, dérivé du pétrole, notamment représenterait 60 % des fibres textiles dans le monde, et représenterait 90 % des déchets retrouvés dans les mers et océans. Par ailleurs, l'industrie de la mode consomme 79 milliards de mètres cubes d'eau chaque année (1 % de la consommation mondiale), notamment pour la culture du coton. Le luxe et la *fast fashion* sont concernés tous deux par ces chiffres même si cette dernière est responsable de davantage de pollution et d'exploitation ouvrière. Au-delà même de l'impact social et environnemental des vêtements, c'est l'empreinte carbone des Fashion Weeks et des déplacements de dizaines de milliers de professionnels qu'elles occasionnent qui est un problème central dans l'industrie de la mode. En 2018, le déplacement (eau, carburant et électricité des avions, trains, taxis et hôtels utilisés) des marques et des acheteurs pour assister aux quatre majeures Fashion Weeks et aux différents salons de mode organisés dans le monde aurait occasionné l'émission de 241 000 tonnes d'émission de CO_2, un nombre qui équivaudrait à ce que dégagerait l'éclairage de Time Square à New York pendant 58 ans. Par ailleurs, l'empreinte carbone d'un acheteur serait le double de celle d'un citoyen moyen tandis qu'un détaillant parcourrait en moyenne plus de 19 000 km chaque année pour se rendre aux Fashion Weeks (« Figuring Out Fashion Week's Carbon Problem », *New York Times*, 12 février 2020). La crise sanitaire du Covid-19 a mis plus que jamais en lumière la question du devenir des Fashion Weeks. Partant du constat qu'elles ne pouvaient pas avoir lieu au printemps 2020 en raison de la viralité et de la propagation du virus, les créateurs et industriels ont plus largement posé la question du futur des Fashion Weeks : ont-elles encore un sens aujourd'hui à l'heure où les nouvelles technologies pourraient substituer au défilé physique un défilé numérique moins polluant ?

Sur la scène internationale, la prise de conscience de l'urgence écologique se réalise lentement du côté du luxe. Si en 2009, beaucoup de marques telles que Calvin Klein, Tommy Hilfiger, Prada, Ralph Lauren, Armani, Burberry, Louis Vuitton et Hermès ne cachent pas sous-traiter une partie de leur production en Asie, en Turquie, en Hongrie et en Roumanie, la situation est différente en 2019. Dans un contexte de lutte pour réduire l'impact environnemental et social de la mode, les marques ont réinvesti le territoire français ou italien pour produire localement et moins délocaliser. Dans le même temps, elles se sont mises à largement communiquer sur le lieu de fabrication de leurs produits même si l'on constate une certaine différence de positionnement entre elles. Certaines qui produisent la majorité de leurs produits sur leur sol ou dans un pays européen proche l'indiquent en toute transparence sur leur site Internet : c'est le cas de Saint-Laurent (« Fabriqué en Italie », « pays de fabrication : France »), Valentino (« Fabrication italienne »), Gucci (« Made in Italy »), Balenciaga (« Fabriqué au Portugal », « Fabriqué en France »), Hermès ou Louis Vuitton (« Fabriqué en Italie »). Cet étiquetage local, bien sûr, n'est pas juridiquement contraignant et peut être approximatif voire mensonger. Une deuxième catégorie indique la provenance de ses produits en distinguant ceux haut de gamme, fabriqués localement, et identifiés *via* des labels « Made in the UK » ou « Made in Italy » de ceux d'entrée de gamme portant la mention « Importé ». C'est le cas de Burberry ou de Ralph Lauren par exemple. Enfin, une troisième catégorie de marques ne communique pas sur l'origine de ses produits, et cela même si certains doivent être fabriqués localement, sans doute pour éviter d'avoir à répondre sur les productions qu'elles ont délocalisées : c'est le cas de Prada, de Givenchy ou encore d'Hugo Boss. À côté des « Made in France » et « Importé », d'autres étiquettes indiquent des formules telles que « Designed in France » et « Styled in Italy » afin de donner le change mais elles « oublient » d'indiquer que le produit a ensuite été fabriqué en Chine.

Au-delà des maisons et de leurs groupes qui se sont positionnés sur les questions de traçabilité de leurs produits, ce sont aussi des designers qui ont décidé d'aller au-delà des étiquettes « Made in » si souvent trompeuses, et de créer des collections incarnant l'idée même d'une mode éthique. Depuis le lancement de sa marque en 2001, la Britannique Stella McCartney a fait de l'écoresponsabilité un des objectifs centraux de son entreprise, et a contribué à une prise de conscience environnementale dans l'industrie de la mode. Elle explique qu'elle n'utilise aucune matière première animale (cuir, fourrure, plume...) et privilégie les matières écoresponsables innovantes telles que l'Eco Alter Nappa (du cuir de synthèse fait de polyester et de polyuréthane), le bioplastique et la viscose notamment. Sa vision de l'écoresponsabilité s'étend à l'agencement de ses boutiques pour lesquelles elle a recours à des énergies renouvelables. En France, la créatrice Marine Serre a été l'une des premières à mettre ces questions au cœur même de ses collections en présentant des vêtements recyclés. Après un film post-apocalyptique en 3D *Radiation movie* en février 2019, Marine Serre présente son défilé Marée Noire qu'elle décrit elle-même comme une métaphore de l'apocalypse. En mars 2020, c'est au tour de Balenciaga, par la voix de Demna Gvasalia, de se positionner lors de son défilé automne-hiver 2020-

2021. Au sein de la Cité du Cinéma, dans une atmosphère décrite par les journalistes comme anxiogène, le sol recouvert d'eau et le ciel grondant et fumant, traversé de nuages de fumée et de vols d'oiseaux de mauvais augure, des mannequins défilent dans des tenues monochromes majoritairement noires. Ils éclaboussent le public qui, exceptionnellement, n'est pas assis au premier rang mais seulement au quatrième – les trois premiers étant immergés dans l'eau. Le défilé multiplie les références ecclésiastiques et apocalyptiques et se veut un message contre le réchauffement climatique. Sa musique dramatique montant en intensité, Balenciaga évoque l'extinction du monde.

Du côté des marques de *fast fashion*, de nombreux outils ont été développés ces dernières années pour améliorer leur image et leur écoresponsabilité. H&M, comme vu précédemment, a sorti plusieurs campagnes et collections en faveur de l'environnement telles que H&M Conscious, Close the Loop, Climate Positive 2040, tandis que les t-shirts aux slogans « écologiques » se sont multipliés à la vente tout comme les étiquettes vertes et les publicités décorées de plantes. Alors que 220 personnes au sein de la marque seraient dédiées aux questions de développement durable, la marque s'est engagée à utiliser 100 % de matériaux recyclés d'ici 2030, a lancé des programmes d'amélioration des conditions de travail de ses sous-traitants, tels que le Fair Living Wage, développé une gamme de coton biologique et aurait aussi éliminé onze substances chimiques de ses processus de fabrication. Cependant, la plupart de ses pièces restent composées majoritairement de polyester issu de l'industrie pétrolière. Par ailleurs, la dénomination même de « coton biologique » que la marque utilise souvent est confuse. Le coton biologique se divise entre l'Organic Content Standard (OCS) dont la production n'est pas encadrée par une réglementation précise et le Global Organic Textile Standard (GOTS) pour lequel il faut obtenir de nombreuses certifications d'exploitation, d'opération et de transaction. Les produits vendus par la *fast fashion* présentent la dénomination « coton biologique », sans plus de détails, laissant place à de nombreuses interprétations. Enfin, les incinérations de plusieurs tonnes d'invendus entre 2013 et 2017 laissent planer un doute sur l'engagement écologique d'H&M. Les mêmes doutes et questions se posent à propos des autres marques de *fast fashion* tant la conciliation entre le système même de la mode de masse et la protection des ressources de la planète semble impossible. L'apparition récente d'une nouvelle forme de *fast fashion*, ce que l'on nomme l'ultra *fast fashion*, incarnée notamment par les marques Fashion Nova et Boohoo va dans ce sens. Connue depuis 2006 pour ses produits à très bas prix et ses partenariats avec des influenceurs de la téléréalité, d'Instagram et de TikTok, Boohoo, qui dispose de 7 millions d'abonnés sur Instagram et investit pour 90 millions de livres par an en marketing numérique, s'adresse aux jeunes consommateurs. Elle leur propose des produits bon marché qu'ils ont repérés le jour même sur les influenceurs qu'ils suivent et qu'ils veulent porter le lendemain et publier sur leurs réseaux sociaux. Marque au taux de croissance exponentielle (+600 % en 2017) et la plus googlée en 2018, Fashion Nova, créée en 2013, suit les pas de Boohoo. Mettant en vente 600 nouveaux modèles par semaine livrables dans la journée, elle n'a pas besoin de faire des campagnes publicitaires pour se faire connaître. Relayés par les influenceurs, ses produits, qui sont très extravagants et pour la plupart importables dans la « vraie vie », sont souvent en rupture de stock aussitôt mis en ligne. La raison ? Ils sont instagrammables, donnent « un look ». La marque n'hésite d'ailleurs pas à reposter les publications de ses clients qui gagnent alors en visibilité le temps d'une soirée. Pour satisfaire une telle clientèle, majoritairement américaine et européenne, Boohoo et Fashion Nova font appel à une main-d'œuvre locale : la première à Leicester en Angleterre et la seconde à Los Angeles. Et ce qui s'est passé, et se passe encore, en Asie, est arrivé en Grande-Bretagne. Le 5 juillet 2020, le *Sunday Times* révèle que Boohoo rémunère ses ouvrières de Leicester entre 3,50 à 4,40 livres de l'heure – alors que le salaire moyen devrait osciller entre 8,72 et 10,93 livres – et que les conditions de protection n'étaient pas réunies pour les protéger contre le coronavirus. La marque Boohoo a répondu qu'elle allait examiner sa chaîne d'approvisionnement et investirait plusieurs millions de livres dans la mise aux normes de ses usines de sous-traitance (« Why You Should Care That Boohoo Is Making Headlines This Week », *New York Times*, 8 juillet 2020).

Depuis dix ans, les débats en faveur d'une mode plus durable ont impliqué différents acteurs de nationalité différente et ont permis aux capitales de mode d'échanger pour trouver, au-delà de leurs désaccords et agenda personnel, des solutions communes. Au niveau mondial, les initiatives se sont ainsi multipliées : la Sustainable Apparel Coalition, réunissant 250 marques et dont l'objectif est de mesurer puis réduire l'impact environnemental et social de la mode ; l'Ethical Fashion Initiative, lancée en 2009, sous l'égide de l'ONU et de l'OMC vise à mettre en relation les marques avec des communautés d'artisans dans les pays en voie de développement ; le Global Fashion Agenda, organisant depuis 2009 le Copenhagen Fashion Summit, l'un des événements sur le développement durable dans la mode les plus importants et fréquentés ; la Fondation Ellen MacArthur, créée en 2010, promeut le concept de l'économie circulaire ; et le Fashion Pact à l'initiative de la France. En mai 2019, lors du Copenhagen Fashion Summit, Emmanuel Macron confie à François-Henri Pinault (Kering) la mission de réunir les entreprises du luxe afin « d'engager collectivement le secteur dans le développement durable ». Ce dernier présente le « Fashion Pact » au G7 en août 2019 qui est signé par 150 entreprises dont Chanel, Prada et Hermès, H&M, Inditex (excepté LVMH). Parmi leurs objectifs : atteindre zéro émission de gaz à effet de serre d'ici 2050 et l'utilisation de 100 % d'énergie renouvelable dans les chaînes d'approvisionnement d'ici 2030.

La mode et les consommateurs devraient se réjouir de la multiplication de ces initiatives. Cependant, qui dit multiplication dit aussi dilution des objectifs, manque de synergies entre les actions entreprises, et résultats épars. Cette multiplication ne traduit-elle pas finalement la volonté de chaque pays ou groupement de se positionner sur la question du développement durable dans la mode et d'organiser l'événement le plus visible et médiatique dessus faisant ainsi du développement durable le nouvel outil de *soft power* au XXIe siècle ? Les créations d'associations, de fondations, de pactes ne servent-elles pas avant tout les marques et membres qui y adhèrent en les dotant d'une « bonne image » et leur offrant une bonne conscience ? Aujourd'hui, plus que jamais, l'écologie est devenue une cause « à la mode » qui semble être devenue « un passage obligé dans la communication des entreprises et de leurs dirigeants » (« Fashion Pact : greenwashing puissance 7 ? », *Économie Matin*, 27 août 2019). Des signes plus positifs sont à rechercher du côté des écoles de mode qui sont de plus en plus nombreuses à développer des programmes entiers sur la question de l'impact social et environnemental de la mode – qui était jusque-là traité *via* des conférences de *guest speakers* uniquement – et même à mettre la question du développement durable au cœur de toutes les formations qu'ils proposent que cela soit en création, marketing ou business (« How Fashion Schools Are Tackling the Sustainability Puzzle », *Business of Fashion*, 5 juin 2019).

À l'issue de l'annonce du Fashion Pact, plusieurs voix se sont élevées pour dénoncer le flou des mesures annoncées et la trop grande liberté qu'il laisse aux signataires étant donné que l'accord n'est pas juridiquement contraignant, qu'il ne prescrit aucune mesure punitive, ressemblant donc davantage à une proposition de lignes directrices à suivre. D'autres ont accusé la forme même de l'annonce officielle du pacte puisque « l'aspect solennel et spectaculaire de cette prise de conscience, dans un décor grandiose et officiel, cache, comme souvent, des engagements finalement pas si révolutionnaires » (*ibid.*). Les ONG, telles que Greenpeace et WWF, qui n'ont pas été invitées à participer à la rédaction du pacte, parlent quant à elles « d'un écran de fumée de la part d'un secteur qui est la source même du problème ». « Ces entreprises privées n'ont rien à faire dans un sommet mondial, c'est à la puissance publique de prendre des décisions et d'imposer les lois », estime Clément Sénéchal, porte-parole de Greenpeace, qui évoque de la « diplomatie à la carte, où les acteurs n'ont pas besoin de rendre des comptes » (« Le "Fashion Pact", avancée environnementale ou opération de communication ? », France 24, 26 août 2019). En effet, émanant des leaders des groupes de luxe, peut-on espérer que ce pacte aboutisse à une amélioration de l'impact environnemental de la mode et à une véritable transparence des informations sur leurs usines de sous-traitance ? Dans toutes ces déclarations, quelle est la part d'intention réelle et de ce que l'on appelle éco-blanchiment ou « greenwashing », à savoir une pratique de communication trompeuse *via* des slogans, des publicités et jargons, visant à donner à une marque ou un produit une image vertueuse de responsabilité écologique ? Par ailleurs, l'écologie étant devenue un élément essentiel du rayonnement des groupes, dans quelle mesure cette dernière est-elle utilisée à des fins d'influence ? On voit combien la question est un leitmotiv de la communication des groupes de luxe et comment elle est devenue un élément de compétition entre groupes. On note par exemple que LVMH a refusé de signer le Fashion Pact, arguant ne rien à voir à faire avec plusieurs autres signataires qui font fabriquer leurs produits en Chine, et se targuant d'être précurseur et d'avoir réfléchi à ces problématiques d'impact environnemental depuis 1992 *via* la direction de l'environnement au sein du groupe. Depuis, le groupe s'est aussi doté d'un comité scientifique et s'est engagé notamment, au sein de son programme Life et en partenariat avec l'UNESCO (programme « L'Homme et la biosphère ») contre la déforestation en donnant 10 millions d'euros pour lutter contre les feux en Amazonie. Le groupe s'est aussi engagé dans la réduction de ses émissions de CO_2, de l'empreinte environnementale de ses produits, de ses sites de production, ainsi que dans la chaîne d'approvisionnement et la traçabilité des produits. La question écologique est aussi un objet de rivalité entre pays : le G7 d'août 2019 organisé en France et qui consacre une partie de ses annonces à l'industrie de la mode en présence des plus grandes puissances du monde en témoigne. À sa suite, la France charge même sa secrétaire d'État auprès du ministre de la Transition écologique et solidaire, Brune Poirson, du « dossier mode » afin d'élaborer une loi interdisant la destruction des invendus vestimentaires estimée à 630 millions d'euros. Adoptée le 30 janvier 2020, elle sera effective en 2022.

Mais si les discussions sur la réduction des émissions de CO_2, du gaspillage d'eau, sur l'utilisation de nouveaux matériaux innovants… sont ambitieuses, elles postulent que l'industrie va produire toujours autant, voire plus, de vêtements. Or, la réduction du volume global de la production vestimentaire constitue peut-être la seule solution pour diminuer l'impact social et environnemental de la mode. Plusieurs questions se posent : comment concilier une croissance illimitée de la production sur une planète aux ressources limitées ? Une grande foi est placée dans l'idée d'une économie circulaire dans laquelle les produits sont continuellement recyclés et réutilisés, ne générant aucun gaspillage. Cependant, comment convaincre les consommateurs de prendre soin de leurs vêtements, de les recycler, d'acheter « mieux » alors que les marques ne cessent de commercialiser de nouveaux produits ? La solution ne serait-elle pas que les marques vendent des produits plus durables et donc renouvellent moins leurs collections ? (« Le Global Fashion Agenda réussira-t-il à faire de la durabilité la nouvelle norme ? », Fashionunited.fr, 24 mai 2017). Cette idée de *slow fashion* et de dé-consommation pose d'autres problèmes : si moins de vêtements sont produits chaque année, les usines de sous-traitance en Chine, au Bangladesh ou en Éthiopie auront besoin de moins d'ouvriers et en licencieront une grande partie qui se trouvera de fait sans emploi. Plus loin se pose la question de savoir si les consommateurs eux-mêmes pourraient être les acteurs du changement ? On observe que dans l'industrie agro-alimentaire le label « bio » ainsi que la traçabilité des produits président de plus en plus à l'achat des consommateurs qui sont devenus plus attentifs à ce qu'ils mangent et à ce qu'ils gâchent. Peut-on imaginer la même prise de conscience concernant les vêtements et la mise en place d'un « label » ? Après la promulgation d'une loi anti-gaspillage, en février 2020, Brune Poirson a présenté le projet européen d'étiquetage environnemental des vêtements indiquant une note de A à E, à l'image du nutri-score, afin d'informer le consommateur sur les produits qu'il achète, de ses matières premières à ses émissions de CO_2. Cependant, comme le remarquent plusieurs professionnels, si les consommateurs sont prêts à acheter un frigo de meilleure qualité et plus cher noté A+ sachant qu'ils paieront moins d'électricité en l'utilisant, sera-ce le cas avec un vêtement plus cher pour qui la compensation ne sera « que » la durabilité ?

À côté de la *slow fashion* dont les modalités d'application sont encore en cours de réflexion, les nouvelles technologies appliquées à la mode pourraient constituer une solution d'avenir pour l'industrie de la mode.

INNOVER POUR RÉSISTER : MODE, NOUVELLES TECHNOLOGIES ET *SOFT POWER*

« Mode et technologies ». L'association peut paraître étonnante. Pourtant, depuis toujours, ce que l'on appelle la mode n'a cessé de se développer grâce aux techniques, aux outils et aux machines. Aujourd'hui, c'est toujours le cas même si l'on parle de « nouvelles technologies » – l'expression renvoyant étymologiquement à l'étude des techniques. Depuis toujours, en effet, ce sont les inventions progressives des outils puis des machines, de l'aiguille à l'imprimante 3D, en passant par le métier jacquard, la machine à coudre et l'invention de textiles résistants et innovants, qui ont durablement transformé l'industrie de la mode, la faisant passer du sur-mesure à la production en série, puis au prêt-à-porter, à la *fast fashion* jusqu'aux vêtements connectés aujourd'hui… Les différentes innovations ont concerné à la fois les techniques de production mais aussi de diffusion des savoirs liés à la mode, des premiers journaux de mode au XIXe siècle, qui ont permis une plus grande diffusion de la mode, à Instagram.

Sans technique nouvelle, sans innovation, point de renouvellement de la mode. Schumpeter, dans *Capitalisme, socialisme et démocratie*, a défini cette idée de changement rendu possible par l'innovation avec la notion de « destruction créatrice » (Schumpeter, 1990 [1947]). Chaque nouvelle invention technique permet en un sens de détruire un type de production vestimentaire ancien pour le remplacer par un nouveau qui présente des qualités nouvelles. Pendant longtemps, l'histoire des techniques a consisté à faire l'inventaire des techniques inventées successivement par les peuples, signe du développement de leur pays, de leur artisanat ou de leur industrie. Puis, au début du XXe siècle, l'École des Annales a donné une nouvelle impulsion à l'histoire des techniques en la reliant à l'histoire des sociétés, en donnant davantage d'importance à l'usage de la technique par les sociétés qu'à la technique elle-même (Haudricourt et Dibie, 1987 ; Caron, 2010). Cette perspective permet de saisir ce que les nouvelles techniques ont pu apporter à la mode, toujours tiraillée entre le statut d'art et celui d'industrie. Oscillant entre innovation fonctionnelle et innovation créative, la technique sert deux objectifs principaux dans la mode. La praticité d'abord, car nombre d'innovations techniques ont été à l'origine de « simplifications » du vêtement, de son évolution vers une plus grande fonctionnalité, adaptabilité, mais aussi vers une plus grande efficacité. L'esthétique/la créativité ensuite, car l'innovation technique sert l'apparence vestimentaire, poursuivant l'amélioration esthétique de la parure que constitue le vêtement. Parmi les créateurs considérés comme les plus innovants d'un point de vue technique, l'histoire de la mode retient les noms d'André Courrèges, de Paco Rabanne et de Pierre Cardin. Tous trois se sont associés à des industriels textiles pour proposer des vêtements faits en métal, en plexiglas et en aluminium. On pourrait aussi rappeler les innovations stylistiques et techniques de Mariano Fortuny dans les années 1910 et de Mme Grès dans les années 1930 avec leurs robes à plis ; de Madeleine Vionnet avec sa coupe en biais. Aujourd'hui, ce sont Iris van Herpen avec l'impression 3D, Hussein Chalayan et son utilisation des ampoules LED par exemple et Clara Daguin avec son recours au textile réfléchissant ou la fibre optique qui sont considérés comme repoussant sans cesse les frontières de la mode dite « technologique ». Loin de tomber dans le gadget, les nouvelles technologies telles que l'usage de l'impression 3D et de textiles innovants deviennent de plus en plus partie intégrante des créations. L'industrie plus généralement a compris que le tournant technologique était indispensable à prendre pour répondre à la demande des générations Y et Z, celles des *digital natives*, ultra connectées, mais aussi que l'innovation technologique, tout comme l'impact environnemental, pouvait être utilisée comme un levier dans la compétition internationale.

Le manuel d'Oslo, produit par l'Organisation de coopération et de développement économique (OCDE), et édictant les principes directeurs en matière de collecte et d'utilisation d'informations sur les activités d'innovation dans l'industrie, distingue l'innovation de produit, de procédé, de commercialisation et d'organisation. Ce sont surtout les techniques au service d'une plus grande responsabilité sociale et environnementale dans la mode qui sont recherchées aujourd'hui. En effet, au-delà de celles évoquées dans les chapitres précédents et relatives aux médias et au e-commerce (en d'autres termes à la diffusion de la mode, à l'aval du processus créatif), les nouveaux outils techniques touchant à la fabrication même de la mode (à l'amont du processus créatif) pourraient être l'une des solutions aux nombreux problèmes posés par l'accélération de la production vestimentaire ces dernières années et la pollution qu'elle engendre. En devenant les garantes d'une nouvelle éthique dans la mode, ces nouvelles techniques pour anticiper au mieux la demande et les stocks à prévoir notamment s'avèreront aussitôt un élément de différenciation entre les pays les ayant adoptées au service d'une « meilleure » industrie de la mode et ceux qui ne les auront pas adoptées. La distinction par la technologie va-t-elle devenir la norme ? Outils d'influence, les nouvelles technologies mises au service d'une mode plus durable vont-elles dorénavant régir la hiérarchisation entre les pays dans l'industrie de la mode ? C'est l'opinion que partage l'Académie des Technologies en 2018 dans son rapport intitulé « Technologies et Soft Power : le cas de l'industrie de la mode et du luxe » rédigé par Pascal Morand : « La création et l'innovation sont deux facteurs essentiels de compétitivité, qui lorsqu'ils sont conjugués dans le temps agissent d'autant plus puissamment. C'est donc en optimisant la combinaison de la création et de l'innovation que la mode française affirmera sa suprématie pour tous les niveaux de gamme » (2018, p. 28). Ainsi, l'on peut imaginer que l'innovation a vocation à être adoptée par des utilisateurs et donc à avoir un marché (2018, p. 25). Le pays qui le premier réussira à développer un tel marché sur son sol deviendra-t-il le leader de l'industrie de la mode ? Au milieu du XVIIIe siècle rappelons-nous que l'invention de nouvelles machines et d'outils (notamment la machine à filer *spinning Jenny* en 1765 en Grande-Bretagne), en d'autres termes la mécanisation de l'industrie textile, a permis à la production textile de croître en Europe et a dès lors donné au continent l'occasion d'asseoir sa légitimité textile, et plus largement industrielle, dans le monde – la mécanisation de la production textile a même précédé l'industrialisation plus générale des pays européens. Après la deuxième révolution industrielle marquée par la massification de la production, et la troisième caractérisée par l'automatisation de la production, la quatrième révolution (industrie 4.0) impliquant l'utilisation de nouvelles technologies dans les processus de fabrication jouera-t-elle un rôle similaire dans la mode ? Il est à parier que le pays qui parviendra à devenir le leader en matière d'intelligence artificielle appliquée à la mode obtiendra un avantage majeur sur les autres pays, comme celui obtenu par les pays européens et américains du nord qui ont réussi à mettre au point la machine à coudre à la fin du XIXe siècle pour créer des vêtements. Cette quatrième révolution fera passer l'industrie de l'ère numérique (e-commerce, communication sur les réseaux sociaux) à la « Fashion Tech », notion recouvrant les vêtements connectés, les textiles intelligents, le *webrooming* (possibilité de chercher les produits en ligne, de connaître leurs disponibilité et prix avant d'aller les acheter en magasin), l'impression 3D… et déjà les acteurs se sont positionnés sur le terrain – les Américains notamment. Les prémices de cette révolution sont apparues il y a quelques années. En 2015, Google s'associe avec Levi's dans le cadre du projet Jacquard dans le but de créer des vêtements intelligents et connectés au touché. En 2017, Google crée une veste en denim intelligente, qui après avoir été touchée au niveau de la manche, peut déclencher des actions comme sur un smartphone. La Chine est loin d'être en reste. Le chercheur Kai-Fu Lee, ancien directeur de Google en Chine entre 2005 et 2009, estime que la Chine va devenir le leader mondial de l'intelligence artificielle tandis que « la récréation est finie dans la Silicon Valley dont l'idéologie hybride "mi-geek mi-hippie" n'est plus à même de conduire le monde. (« Guerre technologique, le "moment

TikTok" », *Le Point*, 6 août 2020). L'Académie des Technologies souligne dans son rapport qu'une « véritable bataille de *soft power* est sur le point de s'engager sur ce terrain ».

Dans la sphère des nouvelles technologies, deux d'entre elles constituent les priorités de l'industrie car elles permettront à ceux qui les maîtrisent d'asseoir la réputation de leurs marques et la transparence de leur entreprise : la blockchain et l'intelligence artificielle. La blockchain, créée en 2008, est une technologie de stockage et de transmission d'information sur un produit. Il s'agit d'une base de données transparente et sécurisée et accessible à tous qui permet de comprendre comment le produit que l'on achète a été fabriqué et quels acteurs sont intervenus dans sa production. Non seulement, l'adoption de la blockchain pourrait permettre une réduction des contrefaçons, selon l'Académie des Technologies (2018, p. 53), car la puce (RFID par exemple) intégrée dans le produit pour suivre ses étapes de fabrication pourra renseigner sur sa nature contrefaite ou non. Au-delà, la blockchain répondrait aux enjeux sociaux et environnementaux évoqués dans le chapitre précédent, en permettant aux consommateurs de savoir dans quelles conditions et par qui leurs vêtements ont été fabriqués et à partir de quels tissus et matières. La blockchain semble donc apporter une garantie de transparence au niveau de chaque étape de la production. Cependant, elle est soumise au bon vouloir des acteurs de la mode, d'autant plus nombreux dans le cas de la *fast fashion*. En effet, la blockchain serait utile à condition que les informations enregistrées dans la base de données par chaque acteur (usine, marque…) intervenant sur la fabrication du produit soient « vraies ». Par ailleurs, si elle permet une plus grande transparence sur la durabilité des vêtements obligeant les intermédiaires à sourcer leurs matières premières, la blockchain est aussi grande consommatrice d'électricité (tant pour sa réalisation que pour son utilisation) et donc responsable de l'émission de gaz à effet de serre. Si la blockchain a ses défenseurs, elle a aussi ses détracteurs qui ne croient pas qu'une technologie, aussi perfectionnée soit-elle, puisse changer la manière dont les sous-traitants et marques de mode traitent leurs ouvriers.

L'intelligence artificielle regorge également de possibilités pour l'industrie de la mode. Elle peut être mise au service d'une gestion améliorée de la production pour les marques grâce à une meilleure visibilité sur leurs ventes et invendus, leurs marges et leurs stocks ; de l'optimisation de l'expérience client des consommateurs, *via* une offre et un suivi personnalisés ; et même de la création. Analysant des données multiples liées aux requêtes des clients sur Internet, l'activité des médias sociaux et les résultats de vente en ligne, la prévision de tendances *via* des algorithmes d'IA permet d'améliorer la gestion des stocks, le réapprovisionnement, d'identifier les produits les plus plébiscités par les clients, d'orienter les détaillants vers la création de produits demandés par les clients, réduisant de fait les invendus souvent détruits par les marques. Google a notamment mis en place Think with Google qui, à partir de la mise en commun de diverses données issues des profils des clients, des chiffres des marques, prédit les tendances. La start-up française Heuritech, quant à elle, a développé une plateforme d'IA analysant les contenus Internet des marques de e-commerce et médias sociaux pour tracker les couleurs, formes et types de vêtements les plus recherchés par les consommateurs. D'autres « outils » tels que des détecteurs de tendances à partir d'images issues de Fashion Weeks ou bien des réseaux sociaux entendent également prédire la mode de demain. Plus loin, des outils d'IA pourraient permettre à des détaillants de créer, à partir de données liées aux préférences et aux goûts des consommateurs qu'ils auront transmis *via* des formulaires remplis lors de leurs achats précédents, des vêtements personnalisés pour leurs clients. Ces outils prédictifs permettant à la mode de demain de proposer des produits conformes aux attentes des consommateurs, bien que très utiles pour gérer les stocks et produire en « bonne intelligence », ne sont-ils pas des freins à la créativité contraignant les marques à ne produire que ce que les clients veulent et connaissent déjà ? Afin d'améliorer l'expérience client des consommateurs, des chatbots ou agents conversationnels permettent aussi de conseiller les acheteurs sur les produits qu'ils envisagent d'acquérir. D'autres « outils » ont été développés permettant de numériser en 3D le corps humain afin que le client puisse essayer des vêtements en ligne avant de les acheter. Au-delà de ces applications, l'IA a aussi été mise au service du vêtement même afin par exemple d'ajuster la température ressentie par l'individu – les sportifs sont les premiers concernés par cette technologie – tout au long de sa journée *via* des ouvertures créées sur le vêtement qui s'ouvrent et se referment. Dans le domaine de la santé, l'IA pourrait aussi permettre à des personnes en situation de handicap de se mouvoir plus facilement *via* des moteurs insérés dans le vêtement.

Les possibilités sont multiples et offrent à chaque pays, groupes et marques l'opportunité de changer leurs méthodes de production et de création. Cependant, parce qu'il s'agit de mode, il est essentiel pour les marques les plus avancées dans l'intégration des nouvelles technologies dans le vêtement, telles que Levi's, Ralph Lauren et

Adidas, de montrer que leurs produits réalisés à partir de nouvelles technologies dépassent les sphères du sport (survêtement dans lequel est intégré un traceur GPS transmettant des informations sur la température du corps, la vitesse du coureur…) et de la santé (vêtement qui surveille les battements du cœur ou le taux d'insuline) et peuvent être portés comme un vêtement du quotidien. Par ailleurs, il est essentiel de montrer aux clients que ces produits « technologiques » ne sont pas des gadgets mais peuvent être utiles au plus grand nombre, qu'ils peuvent être esthétiquement « beaux » et faciles à porter mais aussi qu'ils ne sont pas un moyen de plus pour les entreprises de récupérer les données de leurs clients.

Parallèlement, ou même corollairement, une autre bataille se joue puisqu'à l'heure des nouvelles technologies, nous n'avons jamais autant parlé du rôle de la main dans le processus créatif. De tout temps et encore aujourd'hui, en dépit de l'émergence de nouvelles technologies, l'artisanat prévaut dans les industries de mode de luxe. Une autre lutte s'engage alors entre capitales et maisons de mode dont l'objectif est de parvenir à juxtaposer la dextérité du travail artisanal aux possibilités infinies des nouvelles technologies. Entre la main et la machine, les marques de mode ne doivent pas choisir mais viser l'excellence dans ces deux pôles. Pour parvenir à un tel objectif, les maisons de mode doivent protéger leur artisanat et leur savoir-faire pour ensuite les mettre au service de leur rayonnement. Depuis une quinzaine d'année, les maisons françaises et italiennes, pour lesquelles les métiers d'arts constituent toujours un critère de distinction « jalousé » par les autres capitales de mode, ont développé une politique de sauvegarde de leur artisanat. La maison Chanel joue un rôle essentiel dans la sauvegarde de l'artisanat français et européen. Elle a racheté vingt-deux maisons dont Lemarié pour la plumasserie en 1996, Maison Michel pour la chapellerie en 1997, Lesage pour la broderie en 2002, et Lognon pour les plissures en 2013. Depuis 2002, Chanel valorise ces métiers d'arts à travers un défilé annuel, le défilé des Métiers d'Art Chanel, créé par Karl Lagerfeld. Dès 2004, chacune des présentations est associée à une ville du monde (Tokyo, Londres, New York, Dallas, Shanghai) et est présentée dans ces villes (chaque défilé se dénomme « Paris-New York », « Paris-Tokyo »...), un moyen de faire rayonner le savoir-faire Chanel au-delà des frontières hexagonales et d'attester de la prééminence de la créativité française. De son côté, à Pantin, Hermès a doublé sa surface d'ateliers dédiés à la sellerie, à la maroquinerie, au prêt-à-porter et aux arts de la table, et a ouvert en 2015 un lieu de formation dédié au cuir. Du côté britannique, Burberry a fait, en 2018, l'acquisition d'un fabricant italien de sac à main en cuir près de Florence afin d'avoir la main sur toute la chaîne de production de ses produits et de viser l'excellence tant en termes de qualité, de coûts, de livraison, que de durabilité des produits.

L'essor des nouvelles technologies, tout en offrant de nouvelles possibilités à la mode, renforce également ce qui a toujours fait son essence : le travail à la main. Loin d'être disruptives, les évolutions auxquelles est confrontée l'industrie de la mode réinterrogent en permanence son histoire et son développement.

CONCLUSION

Quel est l'avenir de la mode ? « Faut-il en finir avec les Fashion Weeks ? » se demande *Le Monde* le 25 septembre 2019. Les activistes du climat, notamment le mouvement international Extinction Rebellion au sein duquel se trouve un groupe #boycottfashion, appellent à une annulation des Fashion Weeks. En face, les syndicats de la mode tels que le BFC qui en 2019, à la demande de l'annulation de la Fashion Week anglaise, répond que cela est impossible en raison de l'importance économique et des retombées en termes de création d'emplois de cette Semaine de la mode. Face à la proposition de transformer les Fashion Weeks en présentations numériques, la FHCM, par la voix de son président exécutif, Pascal Morand, explique quant à elle : « Non seulement le streaming n'est pas écologiquement neutre, mais l'événement physique bénéficie d'une unité de lieu, d'un esprit de communauté et d'une valeur ajoutée émotionnelle incomparables. Et puis, si nous savons reproduire la 3D statique sur l'écran, la 3D dynamique n'est pas au point pour rendre grâce au mouvement d'un vêtement » (« Faut-il en finir avec les Fashion Weeks ? », *Le Monde*, 25 septembre 2019). Cependant, pour donner des signes de bonne volonté, la FHCM met en place un système de circulation de taxis et bus 100 % électriques. Se positionner sur le devenir de la mode et des Fashion Weeks est alors plus politique que jamais. Signes d'une ouverture d'esprit et d'une prise de conscience de l'impact social et environnemental de la mode, les propositions des capitales de mode pour transformer la mode vers une éthique à la fois sociale et environnementale, deviennent des « *fashion statements* » qui les singularisent et peuvent les rendre soit encore plus puissantes, soit controversées. Un an plus tard, sous l'effet de la crise sanitaire du Covid-19, la question se repose avec une plus grande acuité. La pandémie met en exergue des changements que beaucoup appelaient de leurs vœux depuis des années dans la mode. Mais lorsque les géants de la *fast fashion* annulent leur commande, ils menacent la survie des usines de sous-traitance en Asie et mettent au chômage des millions d'ouvriers, révélant par la même occasion comment les pays sont toujours plus dépendants les uns des autres. Chaque capitale de mode réagit à sa manière face à la crise. Qu'elle propose des défilés physiques, numériques ou « phygitaux », il s'agit pour chacune d'entre elles de maintenir son rang et son positionnement sur le devant de la scène de la mode, et d'expliquer sa démarche pour rester proche de ses clients. Dans le cas français, les défilés numériques « forcés » de juillet et d'octobre 2020 auraient eu un effet positif en ayant « dopé la créativité et les arts visuels », explique Pascal Morand, qui conclut ainsi sur l'avenir de la Fashion Week parisienne : « Nous allons continuer d'innover et nous ne reviendrons pas en arrière » (« L'avenir des Fashion Weeks vu par les quatre plus grandes fédérations mondiales de la mode », *Fashion Network*, 6 novembre 2020).

Cette crise sanitaire apparaît aujourd'hui pour beaucoup comme une opportunité pour la mode : celle de repenser son système et son système géopolitique en reconsidérant la production locale, la valorisation des savoir-faire locaux, la formation… Les créateurs sont d'ailleurs nombreux à demander un changement du rythme effréné de la mode et une plus grande cohérence entre les vêtements présentés lors de la Fashion Week et la saison – jusqu'à aujourd'hui, les vêtements présentés en mars ne seront portés qu'à l'hiver suivant. Un retour à quatre saisons par an (deux de haute couture et deux de prêt-à-porter) sans collection croisière, sans pré-collection… serait-il la condition pour un renouvellement du système de la mode ? De nombreuses voix se sont élevées chez Saint Laurent, chez Gucci, chez Michael Kors pour annoncer leur départ du calendrier officiel des Fashion Weeks et leur volonté de prendre plus de temps pour créer… Un appel pour une sorte de *slow luxury*. Au-delà même de ces initiatives dont on ne peut mesurer l'effet qu'elles auront, la question est de savoir comment la mode, et surtout la couture et le prêt-à-porter de luxe, réalisés à partir de savoir-faire et techniques ancestrales, pourront concilier créativité et rentabilité. D'un point de vue plus industriel, économique et pragmatique, l'enjeu est de taille : il faut que les capitales de mode parviennent à maintenir le succès de leurs Fashion Weeks – c'est-à-dire surtout à continuer d'attirer les acheteurs du monde entier – en dépit de la défection de marques essentielles comme Saint Laurent et Gucci. Dans le nouveau schéma qui se met en place, où les marques semblent vouloir décider de leur activité/agenda indépendamment du calendrier officiel et des institutions qui les « régissaient » jusque-là, peut-on imaginer que l'attractivité des marques se substituera à celle des capitales de mode, ou dit en d'autres termes que les différents pôles du système géopolitique de la mode seront désormais des marques et non plus des capitales de mode ? Quant aux marques de *fast fashion* et à leur méthode de production, le défi est immense car il relève de l'éthique et de l'humain. Peut-on imaginer un avenir meilleur pour leurs ouvriers ? Rien n'est moins sûr. Comme l'explique Koen Oosterom, directeur de Fair Wear, organisation agissant pour l'amélioration des conditions de travail des ouvriers au Bangladesh et au Myanmar, « il y a eu de nombreuses discussions difficiles ces derniers temps sur la durabilité de l'industrie. Cette situation montre à quel point bon nombre de ses pratiques sont vraiment non durables. De nombreux travailleurs précaires ont perdu leurs revenus et dans certaines régions, les gens n'ont jamais été aussi exposés à l'exploitation » (« "Our Situation is Apocalyptic": Bangladesh Garment Workers Face Ruin », *New York Times*, 31 mars 2020). Une crise comme celle du Covid-19 ne conduira-t-elle pas les entreprises de sous-traitance et détaillants qui se battent pour ne pas se déclarer en faillite, à négliger le respect des lois sociales et environnementales ?

Au-delà des prises de décisions politiques, l'avancée, comme toutes les avancées sociales et écologiques, viendra peut-être également de l'intérêt des consommateurs pour ces questions, car le comportement d'achats de ces derniers constitue un véritable levier de changement. Si nous décidons consciemment où mettre ou non notre argent, les marques n'auront pas d'autre choix que de s'améliorer. De nouvelles habitudes d'achat ont déjà été observées parmi les clients, jeunes et moins jeunes, qui préfèrent acheter moins mais de meilleure qualité, qui sont soucieux de la provenance des produits et de leurs conditions de production. En 2013, dans un contexte d'essor des nouvelles technologies de l'information et de la communication, l'éducation aux médias et à l'information est inscrite dans les programmes de la 6e à la 3e en France. Pourrait-on imaginer le même genre d'enseignement concernant la mode ?

Quel sera donc l'avenir de la mode ? S'il est difficile de répondre à cette question, ce secteur, nous l'avons vu, est en perpétuelles évolutions et reconfigurations tant il est imbriqué dans de nombreux domaines : artistique, économique, social, environnemental. L'aborder d'un point de vue global permet ainsi de mettre en avant les enjeux de pouvoir qui prédominent aux avancées de cette industrie tout autant qu'à ses réticences face au changement. Il y a en tout cas urgence à repenser la mode et les dynamiques à l'œuvre dans ce domaine, pour que la prise de conscience actuelle puisse se traduire dans les faits.

BIBLIOGRAPHIE

ADORNO Theodor W. et HORKHEIMER Max, 1983 [1947], *La Dialectique de la raison*, Paris, Gallimard.

AGNEW John, 1998, *Geo-Politics: Re-visioning World Politics*, Londres, Routledge.

ANDERSON Fiona, 2000, « Museum as fashion media », *in* BRUZZI Stella, CHURCH GIBSON Pamela, *Fashion Cultures: Theories, Explorations and Analysis*, Oxon et New York, Routledge, p. 371-389.

APPADURAI Arjun, 1990, « Disjuncture and Difference in the Global Cultural Economy », *Theory, Culture & Society*, vol. 7, n° 2.

APPADURAI Arjun, 2015 [2005], *Après le colonialisme. Les conséquences culturelles de la globalisation*, Paris, Payot.

AMIES Hardy, 1984, *Still here. An autobiography*, Londres, Weidenfeld and Nicolson.

BARD Christine, 1998, *Les Garçonnes, modes et fantasmes des Années folles*, Paris, Flammarion.

BARTHES Roland, 2014 [1967], *Système de la mode*, Paris, Points.

BASS-KRUEGER Maude et KURKDJIAN Sophie, 2019, *French Fashion, Women and the First World War*, New Haven, Yale University Press.

BELFANTI Carlo Marco, 2014, *Histoire culturelle de la mode*, Paris, Éditions du Regard.

BELFANTI Carlo Marco, CAPALBO Cinzia, MERLO Elisabetta et PINCHERA Valeria, 2019, « La mode au défi de l'histoire économique : La mode et l'économie italienne (XIXe-XXe siècle) », *Apparence(s)*, 9.

BENAÏM Laurence, 2018 [1993], *Yves Saint Laurent*, Grasset, Paris.

BENJAMIN Walter, 2013 [1942], *Sur le concept d'histoire*, Paris, Payot.

BERTRAND Jean-Michel, 2013, « Libres propos sur le soft power, la culture et la transmission des savoirs », *Mode de Recherche*, n° 19, p. 59-66.

BIDE Bethan, 2020, « London Leads the World: The Reinvention of London Fashion in the Aftermath of the Second World War », *Fashion Theory*, vol. 24, n° 3, p. 349-369.

BLASZCZYK Regina, 2009, *Producing Fashion: Commerce, Culture, and Consumers*, Philadelphie, University of Pennsylvania Press.

BOUCHERON Patrick, 2013, *Pour une histoire-monde*, Paris, PUF.

BREWARD Christopher, EHRMAN Edwina et EVANS Caroline, 2004, *The London Look: Fashion from Street to Catwalk*, New Haven, Yale University Press.

BREWARD Christopher et GILBERT David (dir.), 2006, *Fashion's World Cities*, Londres, Berg.

BRUZZI Stella, CHURCH GIBSON Pamela, VÄNSKÄ Annamari et CLARK Hazel (dir.), 2017, *Fashion Curating: Critical Practice in the Museum and Beyond*, Londres, Bloomsbury.

CARACALLA Jean-Paul, 1997, *Le Roman du Printemps, histoire d'un grand magasin*, Denoël, Paris.

CARATOZZOLO Vittoria, CLARK Judith, FRISA Maria-Luisa, 2008, *Simonetta, The First Lady of Italian Fashion*, Venise, Marsilio.

CARON François, 2010, *La Dynamique de l'innovation, Changement technique et changement social (XVIe-XXe siècles)*, Paris, Gallimard.

CHATRIOT Alain et CHESSEL Marie-Emmanuelle, 2006, « L'Histoire de la distribution : un chantier inachevé », *Histoire, économie et société*, n° 25-1, p. 67-82.

CHARON Jean-Marie, 2001, « La presse magazine, un média à part entière ? », *Réseaux*, n° 105, janvier, p. 53-78.

CHARON Jean-Marie, 2008 [1999], *La Presse magazine*, Paris, La Découverte.

CHITOLINA Armando et TYRNAUER Matt, 2009, *Valentino. Una grande Storia italiana*, Cologne, Taschen Verlag.

CHESSEL Marie-Emmanuelle, 2012, *Histoire de la consommation*, Paris, La Découverte.

CHURCH GIBSON Pamela, 2012, *Fashion and Celebrity Culture*, Londres, Berg.

CREWE Louise, 2017, *The Geographies of Fashion: Consumption, Space and Value*, Londres, Bloomsbury.

CROWSTON Clare H., 2005, « La Reine et sa "ministre des modes". Genre, crédit et politique dans la France pré-révolutionnaire », *Travail, genre et sociétés*, n° 13, p. 75-94.

D'ANNUNZIO Grazia, 2019, « Paris and A Tale of Italian Cities », *in* STEELE Valerie, *Paris, Capital of Fashion*, Londres, Bloomsbury.

DEFAY Alexandre, 2005, *La Géopolitique*, Paris, PUF.

DEIHL Nancy (dir.), 2018, *The Hidden History of American Fashion: Rediscovering 20th-century Women Designers*, Londres, Bloomsbury.

DELPAL Franck, 2015, « Les Fashion Weeks comme facteurs de réussite des capitales de mode », *Mode de Recherche*, n° 22.

DELPORTE Christian, 2006, « L'américanisation de la presse ? Éclairages sur un débat français et européen (1880-1930) » *in* Jean-Yves Mollier, Jean-François Sirinelli, François Vallotton, *Culture de masse et culture médiatique en Europe et dans les Amériques 1860-1940*, Paris, PUF.

DERLON Brigitte et JEUDY-BALLINI Monique, 2015, « Introduction. Arts et appropriations transculturelles », *Cahiers d'anthropologie sociale*, vol. 12, n° 2, p. 9-23.

DIVERT Nicolas, 2010, « De la couturière au grand couturier. Du lycée professionnel aux écoles de stylisme », thèse de doctorat.

DOUKI Caroline et MINARD Philippe, 2007, « Histoire globale, histoires connectées : un changement d'échelle historiographique ? », *Revue d'histoire moderne et contemporaine*, mai, n° 54-4bis, p. 7-21.

EVANS Caroline, 2013, *The Mechanical Smile. Modernism and the First Fashion Shows in France and America, 1900-1929*, New Haven, Yale University Press.

EHRMAN Edwina, 2010, « London as a Fashion City », *Berg Encyclopedia of World Dress and Fashion: West Europe*, Oxford, Berg, p. 299-304.

FAYALD Judy, 1976, « How it all began », WWD, 1er octobre, p. 18.

FEYEL Gilles, 2001, « Naissance, constitution progressive et épanouissement d'un genre de presse aux limites floues : le magazine », *Réseaux*, n° 105, p. 21-47.

FEYEL Gilles, 2007 [1999], *La Presse en France des origines à 1944. Histoire politique et matérielle*, Paris, Ellipses.

FONT Lourdes, 2012, « International Couture: The Opportunities and Challenges of Expansion, 1880-1920 », *Business History*, vol. 54, n° 1, p. 30-47.

GANEVA Mila, 2008, *Women in Weimar Fashion: Discourses and Displays in German Culture 1918-1933*, Rochester, N.Y., Camden House.

GASTON-BRETON Tristan, 1997, *Galeries Lafayette, la légende d'un siècle*, Paris, Cliomédia.

GAUGELE Elke et TITTON Monica (dir.), 2020, *Fashion and Postcolonial Critique*, Vienne, Sternberg Press.

GIANGIROLAMO Gianluigi Di, 2017, « The Development of Fashion Institutions in Italy Involving Both Private and Public Sectors (1945-1962) », *The Culture, Fashion, Society Notebook*, Bruno Mondadori.

GILBERT David, 2006, « From Paris to Shanghai: the Changing Geographies of Fashion's World Cities », *in* BREWARD Christopher et GILBERT David, *Fashion World Cities*, Londres, Berg.

GNOLI Sonia, 2001, *The Origins of Italian Fashion, 1900-1945*, Londres, Victoria & Albert Museum.

GODART Frédéric, 2010, *Sociologie de la mode*, Paris, La Découverte.

GREEN Nancy, 1998, *Du Sentier à la 7e Avenue, la confection et les immigrés Paris-New York, 1880-1980*, Paris, Seuil.

GROSSIORD Sophie, 2006, *Les Années folles 1919-1929*, Paris, Paris-Musées.

GRUMBACH Didier, 2017 [1993], *Histoires de la mode*, Paris, Éditions du Regard.

GUENNEC Catherine, 2004, *La Modiste de la reine*, Paris, Jean-Claude Lattès.

HALL-DUNCAN Nancy, 1979, *The History of Fashion Photography*, New York, Alpine Book Company.

HAWES Elizabeth, 1938, *Fashion is Spinach*, New York, Random House.

HAUDRICOURT André-Georges et DIBIE Pascal, 1987, *Les Pieds sur terre*, Paris, Métailié.

HELLER Sarah-Grace, 2007, *Fashion in Medieval France*, Cambridge, D. S. Brewer.

KAWAMURA Yuniya, 2006, « Japanese Teens as Producers of Street Fashion », *Current Sociology*, 54 (5), p. 784-801.

KENNETT Frances (dir.), 1985, *Norman Hartnell 1901-1979*, Londres, Brighton Art Gallery and Bath Museum of Costume.

KURKDJIAN Sophie, 2014, *Lucien Vogel et Michel de Brunhoff, parcours croisés de deux éditeurs de presse illustrée au XXe siècle*, Paris, Fondation Varenne.

KURKDJIAN Sophie, 2019, « The cultural value of Parisian Haute Couture », *in* STEELE Valerie, *Paris, Capital of Fashion*, Londres, Bloomsbury.

KURKDJIAN Sophie, 2020a, « Paris as the Capital of Fashion: an Inquiry », *Fashion Theory*, mars, vol. 24, n° 3.

KURKDJIAN Sophie, 2020b, « Struggles to maintain French domination of fashion in World War II on both sides of the Atlantic through women's magazines " *in* MCLOUGHLIN Marie et TAYLOR Lou (dir.), *Fashion in Paris and World War 2: Global Diffusion and Nazi control*, Londres, Bloomsbury.

LACOSTE Yves, 2010, *La Géopolitique et le géographe. Entretiens avec Pascal Lorot*, Paris, Choiseul éditions.

LEVI-STRAUSS Claude, 1977, *L'Identité*, Paris, PUF, p. 11.

LIPOVETSKY Gilles, 1987, *L'Empire de l'éphémère. La mode et son destin dans les sociétés modernes*, Paris, Gallimard.

LISTER Jenny, 2019, *Mary Quant*, Londres, Victoria & Albert Museum.

MANSEL Philip, 2005, *Dressed to Rule, Royal and Court Costume from Louis XIV to Elizabeth II*, New Haven, Yale University Press.

MARCHETTI Luca (dir.), 2016, *La Mode exposée : penser la mode par l'exposition*, Genève, HEAD.

MARSEILLE Jacques, 1998, *Le luxe en France du siècle des Lumières à nos jours*, Paris, ADHE.

MARSHALL Alfred, 2013 [1890], *Principles of Economics*, Londres, Palgrave Macmillan.

MERCIER Louis-Sébastien, 1781-1788, *Tableau de Paris*, Genève, Slatkine.

MERLO Elisabetta et POLESE Francesca, 2006, « Turning Fashion into Business: The Emergence of Milan as an International Fashion Hub », *The Business History Review*, vol. 80, n° 3, p. 415-447.

MICHAUD Yves, 2013, *Le Nouveau Luxe*, Paris, Stock.

MILLER Michael B., 1987, *Au Bon Marché 1869-1920 : le consommateur apprivoisé*, Paris, Armand Colin.

MORAND Pascal, 2018, « Technologies et Soft Power : le cas de l'industrie de la mode et du luxe », Académie des Technologies.

MORIN-ROTUREAU Evelyne, 2004, *1914-1918, combats de femmes : les femmes, pilier de l'effort de guerre*, Paris, Autrement.

NORA Pierre, 1984-1992, *Lieux de mémoire*, Paris, Gallimard, 3 tomes : t. 1 *La République* (1 vol., 1984), t. 2 *La Nation* (3 vol., 1986), t. 3 *Les France* (3 vol., 1992).

NUDELL Natalie, 2018, « Ruth Finley's Fashion Calendar », *in* DEIHL Nancy, *The Hidden History of American Fashion*, Londres, Bloomsbury.

PAULICELLI Eugenia, 2004, *Fashion under fascism*, Londres, Berg.

PAULICELLI Eugenia, 2010, « Fashioning Rome: Cinema, Fashion, and the Media in the Postwar Years », *Annali d'Italianistica*, vol. 28, p. 257-278.

PARESYS Isabelle, 2008, *Paraître et apparences en Europe occidentale : du Moyen-Âge à nos jours*, Lille, Presses universitaires du Septentrion.

PERROT Philippe, 1981, *Les dessus et le dessous de la bourgeoisie, une histoire du vêtement au XIXe siècle*, Paris, Fayard.

PERROT Michelle, 1984, « Sur le front des sexes : un combat douteux », *Vingtième siècle*, n° 3, juillet, p. 69-76.

PETROV Julia, 2019, *Fashion, History, Museums: Inventing the Display of Dress*, Londres, Bloomsbury.

PINCHERA Valeria, RINALLO Diego., 2017, « The emergence of Italy as a fashion country: Nation branding and collective meaning creation at Florence's fashion shows (1951-1965) », *Business History*, vol. 62, p. 15.

POIRET Paul, 1986, *En habillant l'époque*, Paris, Grasset.

PORTER Michael, 1998, « Clusters and the New Economics of Competition », *Harvard Business Review*, vol. 76, n° 6.

POUILLARD Véronique, 2016, « Managing fashion creativity. The history of the Chambre Syndicale de la Couture Parisienne during the interwar period », *Investigaciones de Historia Economica*, n°2, juin, p. 76-89.

POUILLARD Véronique, 2011, « Design Piracy in the Fashion Industries of Paris and New York in the Interwar Years », *Business History Review*, vol. 85, n° 2, p. 319-344.

RENNOLDS MILBANK Caroline, 1996, *New York Fashion. The Evolution of the American Style*, New York, Harry N. Abrams.

RETAILLAUD-BAJAC Emmanuelle, 2013 « Entre "chic" et "chien" : les séductions de la Parisienne, de Jean-Jacques Rousseau à Yves Saint-Laurent », *Genre, sexualité & société*, 10.

RETAILLAUD-BAJAC Emmanuelle 2020, *La Parisienne. Histoire d'un mythe. Du siècle des Lumières à nos jours*, Paris, Seuil.

RIOUX Jean-Pierre et SIRINELLI Jean-François, 2004, *Histoire culturelle de la France*, tome 4 : *Le temps des masses, le XXe siècle*, Paris, Seuil.

ROCHE Daniel, 1989, *La Culture des apparences : une histoire du vêtement XVIIe-XVIIIe siècle*, Paris, Fayard.

ROCAMORA Agnès, 2009, *Fashioning the City: Paris, Fashion and the Media*, Londres, I.B. Tauris.

ROUFF Marcel, 1946, « Une industrie motrice : la haute couture parisienne et son évolution », *Annales. Économies, Sociétés, Civilisations*, vol. 1, n° 2, p. 116-133.

SAILLARD Olivier et BOSC Alexandra, 2014, *Les Années 50 : La mode en France 1947-1957*, Paris, Paris Musées.

SAPORI Michelle, 2003, *Rose Bertin : Ministre des modes de Marie-Antoinette*, Paris, Éditions du Regard.

SAPORI Michelle, 2010, *Rose Bertin, couturière de Marie Antoinette*, Paris, Perrin.

SCHUMPETER Joseph, 1990 [1947], *Capitalisme, socialisme et démocratie*, Paris, Payot.

SEEBOHM Caroline, 1982, *The Man who was Vogue, the Life and the Times of Condé Nast*, Londres, Weidenfeld and Nicolson.

SHERWOOD James, 2010, *Savile Row : Les maîtres tailleurs du sur-mesure britannique*, Paris, L'Éditeur.

SIRINELLI Jean-François, 2007, *Les Baby-boomers*, Paris, Hachette.

STEELE Valerie, 2017 [1998], *Paris Fashion, a Cultural History*, Londres, Bloomsbury.

STEELE Valerie, 2019, *Paris, Capital of Fashion*, Londres, Bloomsbury.

STEWART Mary Lynn, 2005, « Copying and Copyrighting Haute Couture: Democratizing Fashion, 1900-1930s », *French Historical Studies*, 28, n° 1, p. 103-130.

STEWART Mary Lynn, 2008, *Dressing Modern Frenchwomen, Marketing Haute Couture 1919-1939*, Baltimore, Johns Hopkins University Press.

SULLEROT Evelyne, 1963, *La Presse féminine*, Paris, Armand Colin.

SUMMERS Julie, 2015, *Fashion on the Ration: Style in the Second World War*, Londres, Profile Books.

SOULIER Vincent, 2008, *Presse féminine, la puissance frivole*, Paris, L'Archipel.

TAVEAUX-GRANDPIERRE Karine, 2013, « Lorsque la presse féminine s'internationalise : le cas ELLE », *Média*, 19, dossier thématique.

TAYLOR Lou, 2004, *Establishing Dress History*, Manchester, Manchester University Press.

TROY Nancy, 2003, *Couture Culture, a study in modern art and fashion*, Cambridge, MIT Press.

THEBAUD Françoise, 2013, *Les Femmes au temps de la guerre de 14*, Paris, Payot.

TRUBERT-TOLLU Chantal, TETART-VITTU Françoise, MARTIN-HATTEMBERG Jean-Marie, OLIVIERI Fabrice, 2017, *La Maison Worth - Naissance de la haute couture, 1858-1954*, Paris, La Bibliothèque des arts.

VEILLON Dominique, 1990, « Le Théâtre de la Mode ou le renouveau de la couture création à la Libération », *Vingtième Siècle. Revue d'histoire*, n° 28, octobre-décembre, p. 118-120.

VEILLON Dominique (dir.), 2008, *La Mode des sixties. L'entrée dans la modernité*, Paris, Autrement.

VEILLON Dominique, 2014, *La Mode sous l'Occupation*, Paris, Payot.

VERHEYDE Philippe, 2012, *Les Grands Magasins parisiens*, Paris, Balland.

VOIROL Olivier, 2011, « Retour sur l'industrie culturelle », *Réseaux*, vol. 2, n° 166, p. 125-157.

VOLLE Pierre, 2011, *Marketing : comprendre l'origine historique*, Paris, Eyrolles, p. 23-45.

WADDELL Gavin, 2001, « The Incorporated Society of London Fashion Designers: Its Impact on Post-War British Fashion », *Costume*, 35, n° 1, p. 92-115.

WHITE Nicola, 2000, *Reconstructing Italian Fashion*, Londres, Berg.

WILCOX Claire, 2009, *The Golden Age of Couture: Paris and London, 1947-1957*, Londres, Victoria & Albert Museum.

ZAJTMANN, David, 2014 « Méta-organisations professionnelles et incitations sélectives. La Fédération de la couture, du prêt-à-porter des couturiers et des créateurs de mode – 1973-2011 », thèse de doctorat.

Éditeur : Marie-Laurence Dubray
Remerciements de l'Éditeur à : Anne-Laure Marsaleix

www.lecavalierbleu.com
La collection « Géopolitique de... » est une marque protégée.

Crédit photo de couverture : © iStockPhoto

Imprimé en France par CPI Firmin Didot en décembre 2020. 161543
ISBN 979-10-318-0422-4 / Dépôt légal : janvier 2021

GÉOPOLITIQUE
DE L'ART CONTEMPORAIN

GÉOPOLITIQUE
DES DONNÉES
NUMÉRIQUES

GÉOPOLITIQUE
DES ÎLES

GÉOPOLITIQUE
DES RELIGIONS

GÉOPOLITIQUE
DE L'EAU

GÉOPOLITIQUE
DE LA COLÈRE

TO Fabulous
LAS VEGAS
NEVADA
GÉOPOLITIQUE
DES JEUX D'ARGENT

GÉOPOLITIQUE
DES FRONTIÈRES